U0836781

投资日本

——你准备好了么

钱宇飞　朴　慧　主编

中国财经出版传媒集团
中国财政经济出版社

图书在版编目（CIP）数据

投资日本：你准备好了么／钱宇飞，朴慧主编．—北京：中国财政经济出版社，2016.12

ISBN 978－7－5095－7112－5

Ⅰ.①投… Ⅱ.①钱… ②朴… Ⅲ.①投资环境－研究－日本 Ⅳ.①F131.3

中国版本图书馆CIP数据核字（2016）第289936号

责任编辑：蔡丽兰　　　　封面设计：陈　瑶

中国财政经济出版社出版

URL：http：//www.cfeph.cn

E－mail：cfeph@cfeph.cn

社址：北京市海淀区阜成路甲28号　邮政编码：100142

营销中心电话：88190406　北京财经书店电话：64033436　84041336

北京时捷印刷有限公司印刷　各地新华书店经销

787×1092毫米　16开　16.25印张　260 000字

2016年12月第1版　2016年12月北京第1次印刷

定价：58.00元

ISBN 978－7－5095－7112－5/F·5702

（图书出现印装问题，本社负责调换）

本社质量投诉电话：010－88190744

打击盗版举报热线：010－88190492，QQ：634579818

编委会成员

主　　编：钱宇飞　朴　慧

编写小组：近藤省平

村田美加子

姚立珏

林禹含

编委会介绍

钱宇飞女士，毕业于上海外国语大学，获得国际经济与贸易（日语）经济学学士学位，现任致同会计师事务所日本事业部全国业务负责人。钱宇飞女士拥有中国注册会计师（CICPA）、国际注册内部审计师（CIA）、中国管理咨询师等专业机构认证资质。

加入致同之前，钱宇飞曾在国际知名会计师事务所面向来华投资的日资企业进行投资咨询以及财务调查工作五年，2008 年赴日本东京，在国际知名会计师事务所从事东京证券交易所上市的中国企业及持有中国子公司的日本上市企业、日本 IPO 企业的日本审计业务。2010 年加入致同日本税务师事务所的中国事业部，从事中日会计税务等综合咨询业务。2011 年年初回国，组建致同日本事业部，除参与过众多大型跨国日资公司来华企业的审计、重组方案设计及财税咨询、转让定价调查应对等海外企业来中国投资相关（inbound）业务外，还参与过日本贸易振兴机构对日投资促进项目、中国企业投资日本前期支援（投资形式选择、设立代办、投资前税务筹划等）、成功投资后日本日常财税咨询以及中国母公司合并报表编制或审阅等业务。钱宇飞女士迄今从事中日会计税务等综合咨询业务已超过 13 年，是拥有丰富中日财税综合服务经验的资深专家。钱宇飞女士曾在日本旬刊经理情报上发表过《中国本土 IPO 的结构及留意点》文章，并担任过多次大中型对日投资专场的日本财税讲师。

朴慧女士，拥有长达 9 年的日本留学工作经验，获得日本税理士科目合格资质。2003 年来到日本，在日本丽泽大学国际经济学部毕业后，继续深造研究生，并毕业于国际经济研究科政策管理专业。

在日本税理士法人的 3 年工作时间里，致力于日本企业及中国企业的日本子公司相关的税务咨询、税务代理工作、中国企业日本投资支持业务、外国人个税业务等。2012 年 11 月回国，加入致同，现任致同日本事业部北京区域负责人一职。曾担任过对日投资专题讲座的讲师，主要介绍日本税法等内容，2010 年任 Rotary International 第 2 790 地区米山纪念奖学会学友会的副理事长一职。

本书编委会由致同会计师事务所日本事业部的中国籍以及日本籍骨干人员组成，分别担任各章节的撰写工作。主要人员均在中国以及日本的财税咨询领域拥有多年研究及实践经验，曾为众多跨国公司、国有大型企业及境外上市公司提供过法定审计、财务税务尽职调查、估值、合并报表审阅、税务筹划、综合咨询等方面服务。

致同日本事业部介绍

致同日本事业部是由致同（Grant Thornton）中国和致同（Grant Thornton）日本—太阳集团共同协力组建，为来华投资的日资企业以及投资日本的中国企业，提供全方位一站式中日双语会计、税务等专业服务的团队。

我们的优势在于：

专业的人员：日本事业部拥有熟知中日两国法律法规及会计税务制度，了解两国商业习惯，且具有两国专业资格及丰富经验的中日双语专家团队，根据客户复杂多样化的需求提供专业服务。

健全的网络：在中国，日本事业部以具有雄厚实力的致同集团为后盾；在日本，日本事业部与日本排名前5的太阳集团紧密协作；在全球，日本事业部依托致同（Grant Thornton）国际共同专注于为协助客户全球的成长而不懈努力。

基于知识共享平台的全面服务：日本事业部协同致同中国5 000余名成员组成的专业团队和致同日本500余名成员组成的专业团队，竭诚为您和您的企业提供综合财税会计服务。

编者序

长久以来，中日两国因地理位置与习俗的接近，维持了长达 2 000 多年的文化交往与通商。两国也在这长期的经济贸易中慢慢演化出了高度互补性的经济发展模式。中日邦交正常化 40 多年来，无论政治上如何风云突变，中日双边贸易的规模一直在不断地增大，中日双向投资也始终在稳步地增长。

中国是日本最大的贸易伙伴，占日本对外贸易总额的 20.5%，日本是中国的第五大贸易伙伴，占中国对外贸易总额的 7.5%。相比日本对中国的投资而言，中国企业对日投资的规模和水平都有待提高。根据商务部的最新统计数据显示，2014 年，中国对日投资仅排名第 34 名，在日本利用外资的国别排名中，中国也仅位列第 7 名。

然而，在安倍政府大力推出一系列促进对日投资的优惠政策（包括东京开业一站式服务中心、法人税税率下调计划、零售业多语言服务、对留学生就业的支持、日本贸易振兴机构的商务帮助等）、日元汇率贬值、2020 年东京夏季奥运会举办权的取得等利好消息的驱动下，包括中国企业在内的世界投资家都看好日本市场。

致同日本事业部自 2011 年成立以来，除了面向来华投资的日资企业提供中国的综合财税咨询服务外（Inbound），也一直积极致力于开拓对日投资业务（Outbound）。几年来致同参与了多次大中型的对日投资专场的日本财税讲师的活动；2014 年致同成功中标成为日本贸易振兴机构（JETRO）促进对日投资项目的中国大陆地区唯一的合作机构；致同也荣幸地参与了中国上市公司收购日本公司的项目，并担任收购项目的法定审计师的角色；致同也对多家民营企业投资日本提供了日本财税以及日本子公司设立的咨询和代办业务。

商机无处不在，在中国企业"走出去"的时代大潮中，有实力、有魄力、有信心的中国优秀企业家必然不会放过与我们中国经济高度互补的日本市场。致同日本事业部集合全部门的力量，在繁忙的工作之余以最饱满的热情编著了此书，希望用我们多年中日财税专业知识的积累，为中国企业投资日本贡献我们的绵薄之力。

同时，我们也善意地提醒各位读者朋友，由于篇幅有限，加之不同投资者所需信息也不尽相同，此书仅作为大家走进日本的入门向导。海外投资不是一朝一夕之事，企业还要根据自身情况做好投资前的充分准备工作。

最后，由于时间仓促，加之我们的水平有限，此书如有不当之处，恳请大家批评指正。

致同日本事业部编写者

2016 年 5 月

本书简介

《投资日本——你准备好了么》，本书分为日本概况、日本公司法简介、日本的基本会计制度、日本的基本税务制度、日本的基本劳务制度和日本 IPO 等六大章节。从日本的基本情况、会计税务、劳务社保以及签证申请等方面让您及您的企业对于日本的投资环境有概要性了解，帮助您获得投资前期经营决断所需信息，也便于您提前了解投资后，在日本日常运营过程中所需履行的必要会计、税务以及社保等法定手续，同时在正文外，又颇花心思地穿插了日本商务礼仪常识的介绍，多角度助您及您的企业成功进入日本市场。

本书具有以下特点：

1. 贴合市场需求，话题热门：中日经贸合作历史悠久，在中国对外经贸关系中占有重要地位。随着中国“走出去”战略的加快实施，对于具有地理近、文化亲、互补性强的邻国日本，越来越受中国企业的关注，业已成为中国企业海外投资的候选国度之一。目前市场上有单独介绍日本公司法、日本税制和日本会计的零星书籍（数量很少），尚未出现日本基本商业环境介绍的基础上、结合中日财税比较的综合性书籍，相信对于第一次投资日本的中国企业家和中国企业有一定的参考价值。

2. 结合中日信息对比说明，针对性强：本书从中国企业到日本投资前期探讨以及投资后日常运营的角度，在日本概况、公司法、会计税务、劳务社保以及签证、IPO 等方面，通过中日财税知识的对比说明形式，介绍了日本商务投资的财税环境以及基本财税知识。

3. 图表多，且穿插日本商务礼仪常识，通俗易懂：本书的很多数据统计、对比分析等都是通过图表等形式予以阐述，且在不同章节穿插了日本商务礼仪小常识的介绍，通俗易懂，希望对中国企业在日本的商务活动开展有所帮助。

本书目标读者群体

1. 有意投资日本的中国企业的海外事业部、投资部、财务部、管理部等企业人员；

2. 其他对该领域感兴趣的读者。

目　录

第一章
日本概况

第一节
日本是一个什么样的国家？

1. 地理

日本位于亚洲大陆的东部，是太平洋上一个从东北向西南延伸的弧形岛国。东临太平洋，西隔东海、黄海、朝鲜海峡、日本海，同中国、朝鲜、俄罗斯相望；北面与库页岛、西伯利亚隔海相望。全国由本州、四国、九州和北海道4个大岛及6 800多个小岛组成，陆地面积为37.8万平方公里，约等于我国“安徽省+江苏省+浙江省+上海市”的总面积。

日本全国行政区域划分为1都（东京都）、1道（北海道）、2府（大阪府、京都府）和43个县。都、道、府、县是平行的一级行政区，直属中央政府，但各都、道、府、县都拥有自治权。人口约127 111 000人（截至2015年11月），相当于中国的“浙江省+福建省+上海市”的总人口数量。首都东京是日本的政治、经济、文化中心，其他经济中心城市还有大阪、神户、名古屋、横滨等。

2. 资源

日本自然资源贫乏，除煤炭、天然气、硫磺等极少量矿产资源外，其他工业生产所需的主要原料、燃料等都要从海外进口。但是，日本森林和渔业资源丰富，森林覆盖率占日本陆地面积的69%，是世界上森林覆盖率最高的国家之一。北海道和日本海是世界著名的大渔场，盛产700多种鱼类。

3. 人口

根据日本总务省统计局的数据显示，截至2015年11月，日本的人口总数约为127 111 000人，日本人口密度为335.86人/平方千米，是世界上人口密度最大的国家之一。日本人口数量已经连续4年呈减少趋势，其中年满65岁者占人口总数超过1/4，老龄化趋势严峻。虽然日本人口数量总体减少，但首都东京、埼玉县和千叶县等7个都县人口有所增加。其中，东京人口数量增幅位居各都县之首，达0.68%，反映出东京单极化趋势日益明显。①

4. 政治制度

日本政治制度为君主立宪制，实行立法、行政、司法的三权分立原则，由国会、内阁、法院行使相应权力，国家主权属于国民，天皇作为国家元首但不参与国政。国会是最高权力机构和唯一的立法机关，分为众、参两院。内阁为最高行政机关，对国会负责，首相由国会选举产生，天皇任命。司法权属于最高法院及下属各级法院，采用“四级三审制”。

战后日本实行“政党政治”，代表不同阶层的各种政党相继建立。目前主要政党有：自民党、公明党、民主党、日本维新会、生活党、日本共产党和社民党等。

5. 外交政策

日本一直奉行坚持以日美同盟为基轴，以亚洲为战略依托，重视发展大国关系，积极参与地区及全球事务，谋求政治大国地位的外交政策。

6. 主要政府机构

厚生劳动省：由厚生省和劳动省合并而成，主要职能是负责全国的医疗卫生、社会保险、食品安全监督、就业以及劳动生产安全保障等，相当

---

① 来源：日本总务省统计局．2015年国势调查人口速报统计，P.6～P.8

于我国的卫生部、人力资源和社会保障部以及民政部所承担的工作。

经济产业省（原为通商产业省）：隶属于日本中央省厅，主要职能是使对外经济关系顺利发展，确保日本经济和产业能得到健康良好的发展，并且使日本矿物资源和能源持续稳定地供应。

文部科学省：由原文部省和科学技术厅合并而成，主要分管全国的初等和高等教育、文化艺术和科学技术的研发和推广运用等工作。相当于我国的教育部、文化部、科学技术部以及国防科工委所承担的工作。

国土交通省：主要负责日本全国的国土资源保护和开发、公路交通的建设和管理，铁道交通的监管及气象、地震的预报和预防等方面的工作。另外，负责海上交通安全、船舶出入港口以及打击海上走私和犯罪等工作的海上保安厅也隶属于国土交通省。该省主管的业务范围基本上相当于我国的国土资源部、交通部、铁道部、国家旅游局和负责海岸警备、海上安全的武警部队等的工作。

法务省：主要是维持基本法制、制定法律、维护国民权利、统一处理与国家利害有关的诉讼的行政机关。主要主管的事项包括司法制度、民事行政（国籍、户籍、登记、供托）、刑事民事法的立案、检察、修正、更生保护、与国家利害有关的诉讼、维护人权、出入国管理、公安调查等。

财务省：英文为 Ministry of Finance，MOF，是日本中央省厅的一个管理各官厅的收支、税赋、货币、金银、物价的部门。国家的预算、税制、货币、国债等事宜都属于财务省的职权，是日本政府主管日本财政、金融、税收的最高行政机关。

7. 选举制度

参加日本选举的人须年满 20 周岁，凡年满 25 周岁的公民可以被选为下议院议员，凡年满 30 周岁的公民可以被选为上议院议员。上议院由 242 名成员组成，任期 6 年，下议院由 480 名成员组成，每 4 年选举一次。

8. 法律制度

日本的法律制度是美国式高级法院制，由内阁选定，统辖 4 个法院：高级法院、地区法院、家庭法院和简易式法院。

9. 语言

日语是日本国家官方语言。一些大城市能听和说点英语。日语的文字体制很复杂，由汉字（几千个中国汉字）、平假名和片假名（各46个音节文字，统称假名）构成。文章的书写方式有两种，一种是与西方一样，如横写，即由最上到最下；另一种是传统的日本方式为竖写，即由右到左。两种方式同时存在，根据具体场合选择使用。

10. 营业时间/时区

普通营业时间为星期一至星期五，9：00 — 17：00 / 18：00。

银行营业为星期一至星期五，9：00 — 15：00。

邮局营业为星期一至星期五，9：00 — 17：00，一些大邮局为一周七天营业制。

全日本位于同一个时间带，格林威治时间9小时（GMT +9）。没有夏令时制。

11. 法定节假日

在日本有16个公共假期。（1）如果假期落在星期天，则接着的一天也放假。（2）当工作日介于两个国立休息日间的时候，则该工作日列入假日。（3）8月的第二个星期的一部分或全部时间，许多办公室、商店关闭（暑假）。（4）公共政府机关的关闭时间通常为12月29日至1月3日（新年假期）。

元旦	1月1日	庆祝新的一年的开始。
成人节	1月的第2个星期一	自我意识成人，开始庆祝自觉长大的青年。
建国纪念日	2月11日	培养爱国之心。
春分节	春分日	感受自然万物的复苏。
昭和日	4月29日	经过激荡的岁月，终于迎来复兴的昭和时代，寄予对国家未来的期待。

宪法纪念日	5月3日	纪念日本宪法实施日，期待国家的成长。
绿色节	5月4日	亲近自然的同时，也感谢自然给予的恩惠，丰盈我们的心灵。
儿童节	5月5日	尊重儿童人格并祝福他们幸福的同时，感谢母亲。
海之节	7月第3个星期一	感谢大海的恩惠，同时祝愿海洋之国日本的繁荣。
山之节	8月11日	取得与大山亲近的机会，用来感谢大山的恩惠。
敬老节	9月第3个星期一	敬爱多年服务社会的老人，祈求长寿。
秋分节	秋分日	祭祖怀念故人。
体育节	10月第2个星期一	亲近运动，培养健康身心。
文化节	11月3日	热爱自由与和平、推崇文化。
勤劳感谢节	11月23日	热爱勤劳、庆祝丰收、感谢国民的辛劳。
天皇诞生日	12月23日	庆祝天皇诞辰。

12. 雇佣水准

日本的雇佣体系在第二次世界大战后日本的高速经济增长中扮演了很重要的角色。该系统为日本建设稳定、繁荣的社会提供了帮助。该体系有三大特点：终身雇佣、按年资晋升工作制以及工会制度。工资薪金主要由工龄决定，通常至四五十岁为止会随着年龄的增长而增长，从五十多岁开始下降。然而从20世纪90年代开始，许多企业开始重新审视这一体系而引入新的体系，即强调基于员工的表现决定其工资。

根据最新的统计报告，2016年3月的失业率为3.2%①，较2002年的最高值5.4%有较明显的改善。

① 日本统计局：劳动力调查报告，P.1。

表 1-1　日本基本工种平均工资表　单位：万日元

2014 年基本工种平均月及年工资表		
	平均月收入	平均年收入
按职位分类		
部长（含本部长）	65.90	1 036.00
课长	52.70	837.00
系长	43.80	670.00
职员	32.90	489.00
按职种分类		
营业类职务	37.04	444.50
技术类职务	36.42	437.08
品质管理类职务	38.05	456.67
事务、策划、管理类职务	36.31	435.71

来源：日本厚生劳动省 . 2014 年工资构造基本统计调查报告，P. 16

13. 生活水平

因日本的工资薪金通常比其他国家要高出很多，因此，尽管生活成本比较高，但日本的生活水平较周围国家要好。

14. 生活成本

与其他工业国家相比，日本的生活成本，尤其在东京和大阪等主要城市，要高出很多。东京的生活成本基本与纽约或香港的生活成本相同。然而，东京周边地区的房价、食品、消费品相对而言同其他工业国家相比没有很大的不同。有时甚至会惊讶于日本的生活可以如此之便宜。

行：日本的公众交通与拥有车辆相比，更便捷、更便宜。您可以花 110～160 日元乘坐两站或三站私营地下铁（Metro）或 JR。到处都有轨道交通和公交车。日本公司大都为员工负担上下班的交通费用，通常最多为 25 000～40 000 日元之间。出租车相对来说比较贵，23 点以后需要收取夜行费。

如果不想使用公共交通，那拥有一辆私家车或许是不错的选择。由于日本车辆的强制两次年检制度，在日本持有汽车的成本相对比较高。很多小型车辆的价格都低于100万日元（约合6万元人民币），因此车自身的价格并不昂贵。汽油费的价格比北美贵但是比大部分的欧洲国家便宜。一升汽油的价格大约在145日元（约合8.7元人民币）左右。

住：日本在住房的舒适度方面远远落后于其他工业国家，尤其体现在住房环境和空间上。一般情况下，在轨道交通附近拥有住房是非常昂贵的。很多日本公司为员工负担全部或者部分房租。在日本，拥有自有住房的比例非常高，特别是老年人（约80%），但人均居住面积同美国及大部分欧洲国家相比仍然显得少很多。

食：通常日本当地的食品价格并不贵。各地的超市及打折店也以合理的价格出售来自各国的食品。您可以在任何不错的餐厅，以1 000日元（约合60元人民币）的价格享受到热气腾腾的午餐。晚餐的价格根据您所挑选的食物不同而有所不同。

第二节
日本的商业环境如何?

1. 日本商业特点

日本是世界第三大经济体，也是世界闻名的成熟的消费市场。日本整个商业环境的特点为各项法律法规健全、市场秩序规范、信用体系健全、基础设施配套完善。不但拥有历史悠久的资本、技术、管理实力雄厚的知名企业，也拥有大量持有核心技术及产品的中小企业。日本也具有全球领先的资源、能源利用效率和先进的节能环保高科技、设备和知识。

日本2014年商品零售总额约为122亿日元（约为1.18万亿美元）[①]，许多中低档商品和原材料都依靠国外进口，随着老龄化的不断加剧，在医疗、健康、护理等领域产生了各种各样的需求。

2. 日本宏观经济环境

2008年全球金融危机，使日本的经济受到了重创。接踵而来2011年3月的“3·11大地震”，更是对日本的经济增长形成了严重的冲击。目前，整个全球经济进入缓慢回升阶段，加上灾后日本不断地推出经济复苏政策，以及东京成功取得2020年夏季奥运会的举办权等利好信息，使日本经济增长逐渐触底反弹。2012年年底，自民党安倍上任以来，积极推动“安倍经济学”的“三支箭”政策，大胆推行宽松的金融政策，力争在2020年实现对内直接投资余额翻番，达到35兆日元。2013年1月11日通过了

---

① 来源：日本经济产业省.2014年商业统计报告：P.2

1 170 亿美元（总数 2 267.6 亿美元）的政府投资，为了引导民间投资消费的增长战略，提出了两年内实现 2% 的物价上涨目标，力争迅速摆脱通货紧缩的局面。

表 1－2　2010～2016 年 4 月日本实质 GDP 推移　单位：十亿日元

2010 年	2011 年	2012 年	2013 年	2014 年	2015 年	2016 年
512 654.70	510 325.90	519 216.70	526 261.10	526 095.70	528 583.00	531 150.83

来源：IMF. 2016 年 4 月世界经济展望，P. 37

3. 日本雇佣环境

终身雇佣制是日本社会自战后一直广泛沿用的用人制度。终身雇佣制曾为日本建设稳定及繁荣的社会作出了巨大的贡献。此制度的主要特点是在选聘员工时，不特定工种，从应届毕业生中定期录用具有一般劳动能力、且人品可靠的新人进行职业培训，为确保员工能为企业长期效劳而实施全面的内部晋升、薪金和地位根据资历而逐步提升的措施，员工也以公司为家，劳资双方保持着双赢的局面。

随着日本经济高速发展带来的泡沫经济破灭后，日本劳动市场上出现了前所未有的新气象，各种多样化的雇佣形态也随之产生。日本目前常见的雇佣形态有计时工、零工、派遣员工、合同制员工等。计时工 90% 是女性，其中大多数为中年的主妇。打零工的一般为年轻人，60% 以上是学生。临时雇佣基本集中在服务行业，尤其是零售业、餐饮业、住宿业等。

合同制员工现被各大行业广泛接受。这种人员大多具有较高的专业技术特长，和公司签订一定期间的工作合同，从事的工作内容大多和正式员工相同或者相近。另外，近年来随着对派遣劳动规制的宽松，派遣员工迅速增多。日本为了进一步缓和少子高龄化的严峻形势，除了鼓励女性就业之外，更积极创造高龄者就业的社会环境。

日本现有的多样化的就业形态，不仅给国民带来了更多的就业机会，企业也可以根据自身的性质，就不同的就业形态来实现人才保留和人才招收，也可以节约一定的人力成本。

4. 2015 年世界 500 强日本企业名单

2015 年发布的世界 500 强排行榜中，日本共有 54 家企业入围，其中排名最高的是丰田汽车公司，位居全球第9位。

表1-3　　2015年世界500强中日本企业排名

2015	2014	公司名称（中英文）	营业收入（百万美元）	利润（百万美元）	总部所在国家地区
9	9	丰田汽车公司（TOYOTA MOTOR）	247 702.90	19 766.90	日本
38	23	日本邮政控股公司（JAPAN POST HOLDINGS）	129 686.70	4 390.10	日本
44	45	本田汽车（HONDA MOTOR）	121 221.50	4 633.40	日本
59	61	日产汽车（NISSAN MOTOR）	103 459.60	4 161.70	日本
65	53	日本电报电话公司（NIPPON TELE-GRAPH & TELEPHONE）	100 913.90	4 711.90	日本
89	78	日立（HITACHI）	88 786.90	2 194.70	日本
92	51	JX控股公司（JX HOLDINGS）	87 779.90	-2 521.30	日本
110	135	软银集团（SoftBank Group）	78 857.20	6 078.90	日本
116	105	索尼（SONY）	74 724.90	-1 145.80	日本
125	124	丸红株式会社（MARUBENI）	71 254.30	960.5	日本
131	106	松下（PANASONIC）	70 169.60	1 632.40	日本
132	108	三菱商事株式会社（MITSUBISHI）	69 755.40	3 643.30	日本
138	132	日本生命保险公司（NIPPON LIFE IN-SURANCE）	67 396.10	2 802	日本
142	164	日本第一生命保险（DAI-ICHI LIFE INSURANCE）	65 960.40	1 295.80	日本
147	148	日本永旺集团（AEON）	65 273.40	387.9	日本
157	145	东芝（TOSHIBA）	63 175.80	—	日本
161	139	东京电力公司（TOKYO ELECTRIC POWER）	61 869.60	4 106.90	日本
184	176	Seven & I控股公司（SEVEN & I HOLDINGS）	55 686.80	1 595.10	日本
201	199	三菱日联金融集团（MITSUBISHI UFJ FINANCIAL GROUP）	51 282.30	9 402.20	日本
204	184	新日铁住金（NIPPON STEEL & SUMI-TOMO METAL）	51 024.20	1 949	日本
206	183	日本伊藤忠商事株式会社（ITOCHU）	50 855.10	2 733.70	日本
213	173	三井物产株式会社（MITSUI）	49 158.80	2 787.60	日本

续表

2015	2014	公司名称（中英文）	营业收入（百万美元）	利润（百万美元）	总部所在国家地区
243	225	日本三井住友金融集团（SUMITOMO MITSUI FINANCIAL GROUP）	44 122.60	6 854.20	日本
251	222	富士通（FUJITSU）	43 231.30	1 273.50	日本
256	245	MS&AD保险集团控股有限公司（MS&AD INSURANCE GROUP HOLDINGS）	42 653.30	1 239.20	日本
263	219	日本明治安田生命保险公司（MEIJI YASUDA LIFE INSURANCE）	41 836.40	2 413.90	日本
267	249	日本KDDI电信公司（KDDI）	41 593.50	3 892.10	日本
290	261	东京海上日动火灾保险公司（TOKIO MARINE HOLDINGS）	39 363.80	2 250.50	日本
291	273	三菱电机股份有限公司（MITSUBISHI ELECTRIC）	39 318.80	2 134.60	日本
293	269	电装公司（DENSO）	39 198.30	2 350	日本
307	231	日本出光兴产株式会社（IDEMITSU KOSAN）	37 926.50	-1 254.80	日本
319	355	日本三菱重工业股份有限公司（MITSUBISHI HEAVY INDUSTRIES）	36 309	1 004.20	日本
334	292	佳能（CANON）	35 215	2 407.30	日本
337	316	日本钢铁工程控股公司（JFE HOLDINGS）	35 019.70	1 267.50	日本
340	317	普利司通（BRIDGESTONE）	34 711.50	2 840	日本
350	362	住友商事（SUMITOMO）	34 218.20	-665.5	日本
361	334	三菱化学控股（MITSUBISHI CHEMICAL HOLDINGS）	33 254.50	553.5	日本
372	342	住友生命保险公司（SUMITOMO LIFE INSURANCE）	32 585.10	1 140.10	日本
384	358	关西电力（KANSAI ELECTRIC POWER）	30 978.50	-1 349.50	日本
396	406	Sompo Japan Nipponkoa Holdings 公司（Sompo Japan Nipponkoa Holdings）	29 853.50	493.6	日本
412	416	日本瑞穗金融集团（MIZUHO FINANCIAL GROUP）	28 924.70	5 565.70	日本

续表

2015	2014	公司名称（中英文）	营业收入（百万美元）	利润（百万美元）	总部所在国家地区
419	428	日本中部电力（CHUBU ELECTRIC POWER）	28 227.80	352.8	日本
428	—	TonenGeneral Sekiyu 公司（TonenGeneral Sekiyu）	27 655.40	-132	日本
429	449	马自达汽车株式会社（MAZDA MOTOR）	27 593.90	1 444.40	日本
436	414	铃木汽车（SUZUKI MOTOR）	27 426.20	881	日本
442	431	爱信精机（AISIN SEIKI）	26 957.80	703.2	日本
444	405	日本电气公司（NEC）	26 699.10	521.2	日本
452	494	富士重工（Fuji Heavy Industries）	26 175.10	2 381.80	日本
454	411	Medipal 控股公司（MEDIPAL HOLDINGS）	26 129.60	215.4	日本
461	471	住友电工（SUMITOMO ELECTRIC INDUSTRIES）	25 674	1 089.30	日本
465	447	大和房建（DAIWA HOUSE INDUSTRY）	25 563.90	1 065.30	日本
470	417	夏普（SHARP）	25 341.50	-2 022.30	日本
476	445	东日本旅客铁道株式会社（EAST JAPAN RAILWAY）	25 067.80	1 640.70	日本
499	400	科斯莫石油（COSMO OIL）	23 734.60	-707	日本

来源：美国财富杂志．2015 年世界 500 强排行榜

5. 日本国际专利数量大

根据日本贸易振兴机构（JETRO）2015 年亚洲地区最具投资魅力的调查结果显示，日本在研发以及销售方面排名第一。确实如此，日本一向是注重科学研发和专利发明的国家。根据 2014 年最新统计结果显示，2014 年度日本依然是继美国之后，国际专利申请数量世界排名第二的国家。

表 1－4　　亚洲地区最具投资魅力公司调查（2015 年度）①

公司形态	回答企业数	日本		中国		新加坡		中国香港		印度		泰国		韩国		越南	
R&D（研发中心）	105 家	1	43%	4	10%	2	15%	7	2%	2	15%	11	1%	7	2%	11	1%
地区总部	172 家	2	20%	4	10%	1	42%	3	13%	9	1%	6	2%	6	2%	6	2%
销售	162 家	1	32%	3	18%	2	20%	5	5%	6	4%	9	2%	8	2%	11	1%
金融	73 家	3	10%	5	1%	1	51%	2	30%	—	0%	5	1%	—	0%	—	0%
后勤部门	69 家	2	19%	7	4%	4	13%	5	12%	1	20%	—	0%	—	0%	—	0%
物流	73 家	4	10%	2	18%	1	36%	3	16%	10	1%	5	5%	—	0%	6	3%
制造	90 家	6	4%	1	46%	6	4%	12	1%	4	6%	4	6%	—	0%	2	14%

注：回答企业 222 家（包含已投资日本的 106 家）中扣除【不符合】及【不明】百分率（欧洲 82 家、北美 67 家、亚洲 73 家）。

来源：日本贸易振兴机构．对日投资现状与日本贸易振兴机构的活动，P. 10

表 1－5　国际专利申请案数量（Patent Cooperation Treaty，PCT）
排名前十国家（2014 年）

排名	国　家	2014 年申请件数	占有率
1	美国	61 492	28.7%
2	日本	42 459	19.8%
3	中国	25 539	11.9%
4	德国	18 008	8.4%
5	韩国	13 151	6.1%
6	法国	8 319	3.9%
7	英国	5 282	2.5%
8	荷兰	4 218	2.0%
9	瑞士	4 115	1.9%
10	瑞典	3 925	1.6%

来源：WIPO. Telecoms Firms Lead WIPO International Patent Filings，Annex 2：PCT international applications by origin

① 这里要说明的是百分比左侧的数字是 21 个国家及地区中的排名。

表 1-6　国际专利申请（Patent Cooperation Treaty，PCT）企业排名（2014 年）

排名	企业名	国家名	申请专利数
1	华为技术（HUAWEI TECHNOLOGIES）	中国	3 442
2	高通（Qualcomm）	美国	2 409
3	中兴（ZTE）	中国	2 179
4	松下	日本	1 682
5	三菱电机	日本	1 593
6	英特尔	美国	1 539
7	爱立信	瑞典	1 512
8	微软	美国	1 460
9	西门子	德国	1 399
10	飞利浦	荷兰	1 391
11	三星电子	韩国	1 381
12	丰田汽车	日本	1 378
13	博世	德国	1 371
14	夏普	日本	1 227
15	NEC	日本	1 215
16	LG	韩国	1 138
17	腾讯（TENGENT）	中国	1 086
18	富士胶片	日本	1 072
19	联合技术（UNITED TECHNOLOGIES）	美国	1 013
20	日立	日本	996
21	索尼	日本	982
22	谷歌	美国	914
23	华星光电（CHINA STAR）	中国	904
24	东芝	日本	856
25	惠普	美国	826
26	哈里伯顿（BALLIBURTON）	美国	800
27	巴斯夫（BASF）	德国	780
28	3M 创新公司	美国	696
29	电装	日本	665
30	诺基亚	芬兰	630
31	日产汽车	日本	620

续表

排名	企 业 名	国家名	申请专利数
32	通用电气	美国	604
33	村田制作所	日本	588
34	LG 化学	韩国	553
35	BOE	中国	553
36	富士通	日本	552
37	柯尼卡美能达（KONICA MINOLTA）	日本	519
38	苹果	美国	514
39	IBM	美国	511
40	三菱重工	日本	487
41	宝洁（P&G）	美国	474
42	京瓷	日本	472
43	陶氏集团（DOW）	美国	470
44	矢崎	日本	448
45	原子能代替能源厅高科技术局	法国	434
46	华为设备（HUAWEI DEVICE）	中国	420
47	加利福尼亚大学	美国	413
48	帝国科技（EMPIRE TECHNOLOGY DEVELOPMENT LLC）	美国	411
49	泰尔茂（TERUMO）	日本	405
50	应用材料公司（APPLIED MATERIALS）	美国	395

来源：WIPO. Telecoms Firms Lead WIPO International Patent Filings，Annex 2：PCT international applications by origin

6. 日本吸引外资的优惠政策

日本政府为了进一步促进外国企业来日投资，于 2015 年 3 月召开了内阁会议。会上安倍首相强调：“推进对日直接投资，是安倍新经济成长战略的支柱，将全力以赴推进”。因此，为了给外国企业赴日投资创造更好的环境，安倍政府作出了 5 大约定。

表 1－7　　　　安倍政府吸引对日投资 5 大约定

强化商业、服务业、公共交通系统的多语言对应
公共无线局域网的普及
打造良好的商旅环境
完善教育环境，迎接充足的海外学生
大型项目中引进“企业担当制”，由副大臣等协助，动员地方自治体，共同促进全日本范围的招商引资

来源：首相官邸．日本经济柔软成长战略，P. 44

举例而言，在积极改善日本商业环境方面，将之前广泛认为的日本高税收的壁垒逐步消除，根据 2016 年法人税法改制概要，法人税税率将由 23. 9% 阶段性地降低到 23. 2%。其中 2016 年 4 月 1 日以后开始的营业年度适用 23. 4% 的税率，2018 年 4 月 1 日以后开始的营业年度适用 23. 2% 的税率。

另外，日本经济产业省委托独立行政法人日本贸易振兴机构（JETRO）通过政府的力量致力于对日投资项目的发掘、招商活动，并实施必要的制度改革。JETRO 全球各地设有多个办事处，定期对当地的外国企业经营者进行对日投资动员、宣传并提供相关信息等。为了落实对日投资项目，JETRO 在日本国内建立了“一站式”信息服务体系。在位于东京的“对日投资 · 商务支援中心（Invest Japan BSC）”，由具有丰富经验的专业工作人员利用包括地方自治体及律师、会计师等在内的庞大网络，向外国企业介绍涉及市场调查、咨询、寻找合作伙伴、企业注册以及办理在留资格等行政手续方面的相关信息，提供全程支援服务。

7. 地方政府投资鼓励政策

为了吸引外资，日本地方政府根据相关条例和制度，也制订了一些优惠政策，通过减免事业税、减免房地产购置税等税收优惠、发放补贴、提供土地和建筑、融资贷款制度等各种措施鼓励投资。

※神奈川县

优惠政策主要包括：

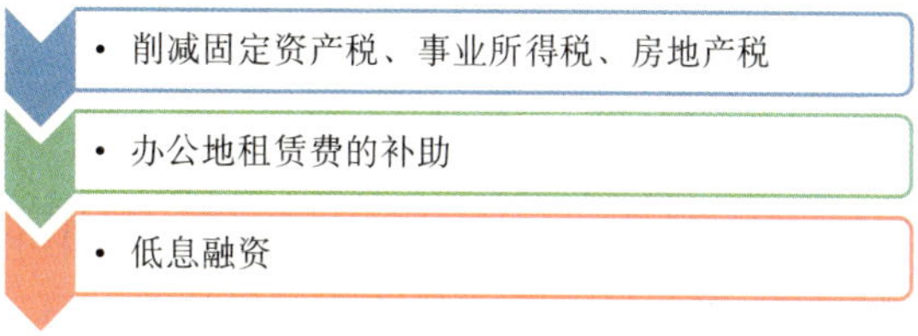

来源：日本贸易振兴机构．日本投资报告，P. 20

图 1－1　神奈川县优惠政策

※大阪府

大阪府是日本第二大城市，有四家投资促进机构，其中，大阪外国企业招商中心（O－BIC）和大阪市投资促进中心（IBPC）具备外语服务（含中文）功能，对首次来日本投资的外国企业而言，会更加容易沟通。

（1）融资优惠：企业在大阪府规定的区域内（大致分布在茨木市、泉佐野市、枚方市等 8 个指定区域）投资，并向大阪府企业招商促进中心申请得到认可后，即可获得大阪府给予的融资优惠。

①融资优惠对象：设备资金（如购买土地、建筑物、设备等）和周转资金（租赁设备）。

②融资额度：设备资金最多可贷 10 亿日元，周转资金最多可贷 5 000 万日元（但两项合计不能超过 10 亿日元）。

③贷款利率：1.6%（根据具体金融形势会有所浮动）。

④贷款期限：设备资金贷款期最长为 15 年（宽限期 2 年），周转资金贷款期最长为 7 年（宽限期 1 年）。

（2）税收优惠：在大阪府规定的两大产业集群区域内投资的企业可获得不动产购置税减半的优惠（上限为 2 亿日元）。第一产业集群区域主要分布在大阪府西南部邻近关西国际机场的沿海地区，第二产业集群区域主要分布在大阪府东部的八尾市。

（3）补贴优惠：补贴优惠分为投资促进补贴和尖端产业补贴两部分。投资促进补贴主要针对有意进行新建或改扩建厂房及建立研发设施的企业而设立，补贴率为投资额的 5%，上限为 5 千万日元。此项优惠对企业的投资规模有较高的准入门槛，如中小企业投资额必须在1亿日元以上，大企业投资额必须在5亿日元以上。尖端产业补贴主要针对大阪府规定的重点尖端产业投资项目而设立，补贴额最多可达150亿日元。此项优惠对企业项目涉及的领域和雇佣当地劳动者人数有严格要求，如投资领域必须在生物、生命科学、机器人、数码家电、新能源等；雇用当地劳动者必须在10~100人以上（不同行业有不同要求）。

（4）其他优惠措施：大阪外国企业招商中心（O-BIC）针对在该机构登记的企业实施上限为50万日元的手续费减免优惠；大阪市投资促进中心（IBPC）和日本贸易振兴机构（JETRO）为有意投资的企业提供免费租借的办公室（一般使用期限为2个月）。

※神户市

神户市近年来一直致力于构建日本国内最高水准的吸引外资体系，并以医疗产业为重点着力打造神户市独具特色的医疗产业城市形象。外国企业的投资项目只要落户在神户市划定的三个区域内，就可以享受到相关优惠政策。

来源：日本贸易振兴机构．日本投资报告，P. 20

图1-2 神户市优惠政策

（1）融资优惠：

①为帮助外国企业的投资项目尽快落地，神户市可提供10亿日元设备购置费的融资优惠，贷款利率1.75%（固定利率），贷款期最长可达20年（宽限期3年）。

②神户市可为企业提供相当于整体项目资金80%的融资优惠，上限为25亿日元，贷款利率1.35%（固定利率），贷款期最长可达15年（宽限期2年）。这两项优惠在三个区域全部适用。

（2）税收优惠：

①房地产购置税减半（上限为 2 亿日元）。

②三年内固定资产税和城市建设税减半。以上两项优惠在三个规定区域全部适用。

③3 年内企业所得税减半。

（3）补贴优惠：

①雇佣当地人员在 11 人以上的新项目，可享受每人 30 万日元的补贴，上限为 3 亿日元。

②引进新能源的项目可享受设备购置费的补贴，补贴率为 50%，上限为 3 亿日元。

③尖端技术型项目的设备投资补贴（不含土地），补贴率为 3%，不设上限。

8. 中日贸易关系

长久以来，中日两国因地理位置与习俗的接近，维持了长达 2 000 多年的文化交往与通商。而两国也在长期的经济贸易中慢慢演化出了高度互补性的经济发展模式。中日邦交正常化以来，中日贸易关系的良好发展，不仅使中国工业化水平以及相关技术得到了提高与飞跃，同时也使日本产业结构发生了深度的变革，为中日两国都创造巨大的市场空间与商业机会，从而实现了真正意义上的双赢。具体从双边贸易结构上来看，长期以来，中日贸易得以发展的主要原因是日本对华出口以高技术含量和高附加值的产品为主，中国对日出口以低技术和附加值的劳动资源密集型产品为主。而这种垂直互补型的中日双边贸易商品结构为两国都带来了巨大的利益。但在 20 世纪 90 年代以后，这种原有长期维持的双边贸易结构伴随中国工业化进程的加速和产业结构的升级而慢慢发生了变化，来自中国的资本以及技术也渐渐成为支撑日本经济发展不可小视的主动力。两国原有的贸易结构也从之前的垂直互补型渐变成了现在的交叉互补型。而随着中国经济的继续高速增长，不仅全球的经济格局将产生巨大的变化，亚洲地区尤其是东亚地区的产业结构都将产生前所未有的重新分工与重组。在这种大变革的时代背景下，中日两国为了各自经济的进一步发展，展开更加深度的经济互补也就显得更为重要了。

表 1－8　　2008～2014 年中日贸易总额　　单位：美元、%

年份	日本出口额（日本→中国）	增长率	日本进口额（中国→日本）	增长率
2008 年	150 634 070	12.5	143 657 236	12.4
2009 年	130 748 704	－13.2	122 514 501	－14.7
2010 年	176 304 026	34.8	153 424 723	25.2
2011 年	194 409 771	34.8	153 424 723	20
2012 年	177 726 830	－8.6	188 450 182	2.4
2013 年	162 219 410	－8.7	180 840 622	－4
2014 年	162 685 635	0.3	181 038 865	0.1

来源：日本财务省.1950～2015 年进出口动向表—日中贸易表，P.1～P.3

来源：日本财务省．1950～2015 年进出口动向表－日中贸易表，P.1～P.3

图 1－3　2008～2014 年中日出口额对比表

表 1－9　　对日投资对象国（地区）排名　　单位：100 万美元

	2012 年		2013 年		2014 年	
	国名	金额	国名	金额	国名	金额
1	瑞士	5 033	美国	1 378	美国	4 327
2	英国	1 212	卢森堡	1 279	中国香港	1 907
3	新加坡	978	英国	618	新加坡	1 431
4	中国香港	872	荷兰	537	中国台湾	1 036
5	爱尔兰	867	瑞典	505	卢森堡	854
6	韩国	559	澳大利亚	366	德国	626
7	德国	449	新加坡	325	中国	594
8	中国台湾	366	中国台湾	186	澳大利亚	414
9	澳大利亚	123	中国香港	172	UAE	286
10	中国	72	中国	140	泰国	154

来源：日本财务省、日本银行．国际收支统计（第六版）国别投资表，P.1

近年来，中国企业响应政府号召“走出去”，积极探索各种形式的对日投资合作。日本为了吸引更多的企业来日投资，不断地推出一系列的优惠政策。两国的政府也在积极努力地促进双向投资的发展，开展友好交流。日本政府在签证、法务、税务、商业环境等领域建立了更加快捷、高效、公正透明的市场准入机制，进一步消除了外国企业赴日投资的壁垒性障碍，营造了更好的商业环境。如图 1－3 所示，与其他国家对日的投资相比，中国对日的投资额还在少数，但是逐年呈上升趋势。中日两国已经成为重要的贸易伙伴，两国经贸关系的依存度很高，中国极有可能超过美国成为日本的第一大贸易伙伴。由此可见，中日经贸合作具有互补性和双赢效果，符合两国的共同利益，也是当前经济和政治形势的必然结果。中日经贸合作仍有较大发展潜力，具有较好的发展前景。

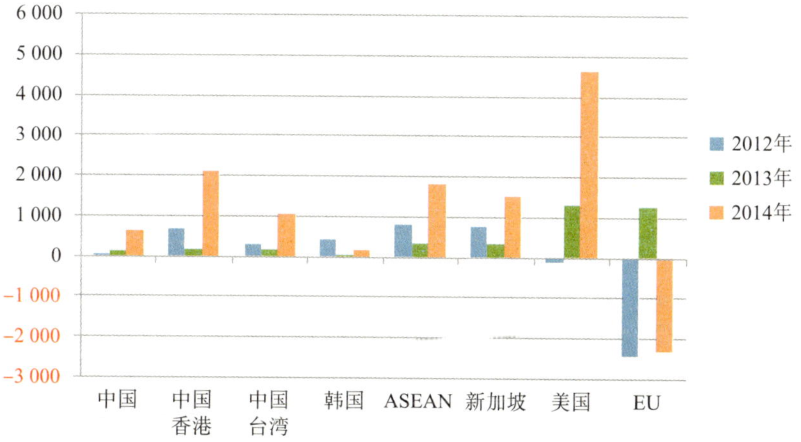

来源：日本财务省．1950～2015 年进出口动向表－各国对日贸易表，P. 1～P. 2

图 1－4　各国别（地区）对日直接投资额推移表

总之，中日两国在经济上（比如产业结构、经营资源）具有高度的互补性。

→中国企业通过吸收合并日本企业来获取日本先进的技术、品牌、国际市场占有率。而日本企业则通过并购寻求中国企业的资金和市场份额。

→中国企业以少量的资金持有日本公司的股权，利用其优秀的管理团队、尖端技术、高端产品，实现市场订单的获取和销售渠道的开拓。

→日本拥有强大的科研机构及很多大学研究机构的网络，众多的专有技术对于中国今后的经济发展和产业框架转型等都具有重大意义。

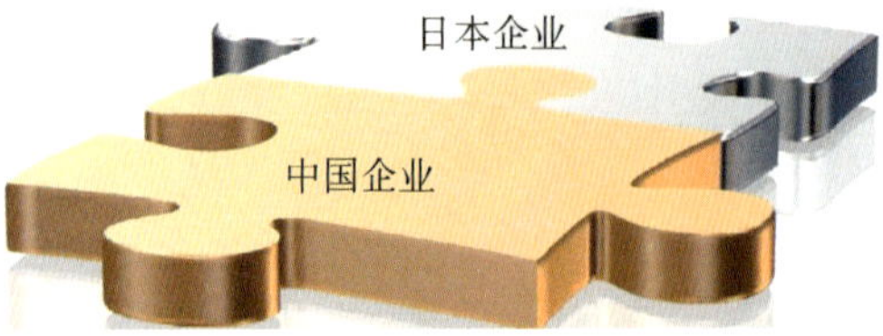

表1－10是我们统计的近6年来，部分中国企业并购日本企业的案例。

表1－10　　中日并购实例列举

时间	收购方	被收购方	核心业务	标　的	备　　注
2015年	上海豫园	北海道星野TOMAMU	酒店度假村	100%股权	发展旅游地产、实行商旅文联动
2014年	复星集团	IDERA Capital Management	不动产	98%股权	日本的房地产投资管理平台
2013年	康耐特	朝日镜片	镜片	55%股权	发展高端树脂镜片业务，实现产品和市场的优势互补及资源共享
2012年	鸿海	夏普	家电	近10%股权	实现产品和市场的优势互补及资源共享
2011年	浙江富通	昭和电缆	光通信	18.54%股权	16年合资伙伴，提升技术和管理的国际化水准，扩大了产业规模
2011年	欧陆之星（香港）	SDC	钻石商	25.74%股权	完善产业链和整合资源
2011年	湖南科力远新能源	松下	镍氢充电电池业务	国内工厂	拓展新能源领域
2011年	联想	NEC	PC业务	合资	开拓日本市场
2010年	山东如意	Renown Inc.	服装	41%股权	力争创造日本第一服装品牌
2010年	马林控股	本间高尔夫	高尔夫用品	基金所持份额	打造日本第一高尔夫品牌
2010年	中信资本	Higashima Film	触摸屏用薄膜	63.12%股权	吸收世界级的专利，提升技术
2009年	中信资本	特耐王集团	包胶	企业控股权	帮助拓展中国市场，收入占比30%—40%

续表

时间	收购方	被收购方	核心业务	标 的	备 注
2009 年	宁波韵升	日兴电机	汽车零配件	79.13% 股权	实现产品研发、生产成本、经营管理及国内外市场开拓的优势互补
2009 年	苏宁电器	Laxo	家电零售	27.36% 股权	第一个连锁经营企业收购上市公司
2009 年	宁波中兴	马谷	手机摄像头	100% 股权	同行业前三，实现技术提升
2009 年	上海电气	田边包装机械设备	瓦楞纸箱包装设备	有效资产	企业破产
2009 年	中国动向	PHENIX	滑雪衫	100% 股权	日本第一滑雪衫公司

第三节
日本各大行业投资前景

世界经济论坛《2013—2014 年全球竞争力报告》显示，日本在全球最具竞争力的 148 个国家和地区中，排第 9 位。2011 年“3·11”大地震以后，日本政府为了促进经济增长，带动整个日本经济的活力，对实行多年的金融管制逐步进行了放宽。同时，为进一步刺激民间企业投资，日本政府也开始渐渐降低原有的税负。2012 年，安倍政府上台，为了加速日本的经济复兴，安倍政府提出了新的经济成长策略。为了弥补国内资本流动性的不足，安倍政府在继续减少对外资进入日本的限制的同时，对海外投资者也提供了新的更大力度的投资优惠措施。为了吸引更多的海外资本，2015 年 12 月，安倍政府发布了《2015 版日本复兴战略》，提出了旅游观光、生物医疗、节能环保以及养老服务为核心的 4 大成长计划，而为了能使这 4 大成长计划早日实现，安倍政府提出了新的对外资优惠政策。

1. 旅游观光行业

行业现状：

旅游观光业是旅游观光相关行业的总称。包含了旅游业、住宿业、餐饮业、运输业、制造业（食品、礼品等）、零售业等，是涉及面大、范围广的产业。日本政府将“旅游消费额”作为观光业的市场规模考量指标。该指标在 2012 年已达到 22.5 兆日元，因为成功申办了东京奥运会，日本政府预计 2020 年可将此指标增加至 30 兆日元。旅游业的市场规模以其接单总额表示。自 2005 年至今，由于受到经济景气指数的波动和日本大地震等原因的影响，日本的旅游观光业近 10 年间整体呈现徘徊波动趋势，基本上保持在 6 至 7 兆日元左右接单总额的市场规模。而为了刺激旅游观光业的复苏，安倍政府在《2015 版日本复兴战略》中提出了 2020 年吸引 2 000 万人访日的计划，为了使这个计划能早日实现，日本政府需要吸引更多的外资参与日本旅游观光业的经营，同时全年近 2 000 万游客与 3.4 兆日元消费额的巨大市场，也能为参与日本旅游观光业的外资带来丰厚的投资回报。

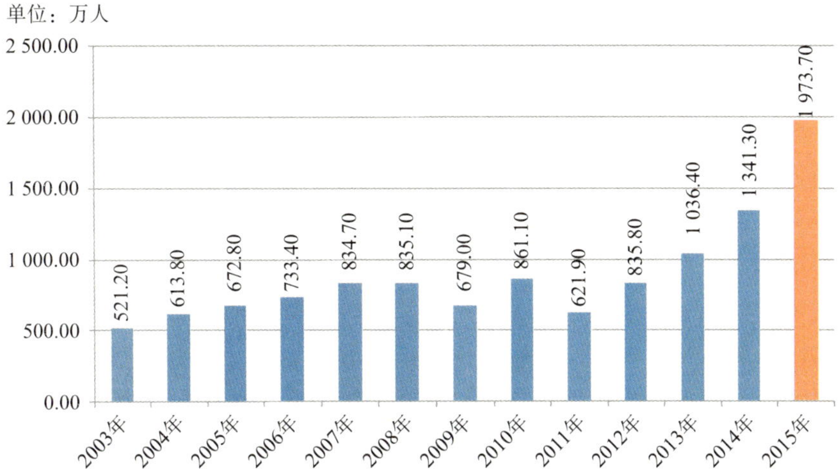

来源：日本政府观光局．访日外国观光客动向，P. 1 ~ P. 14

图 1－5　访日外国人游客数推移表

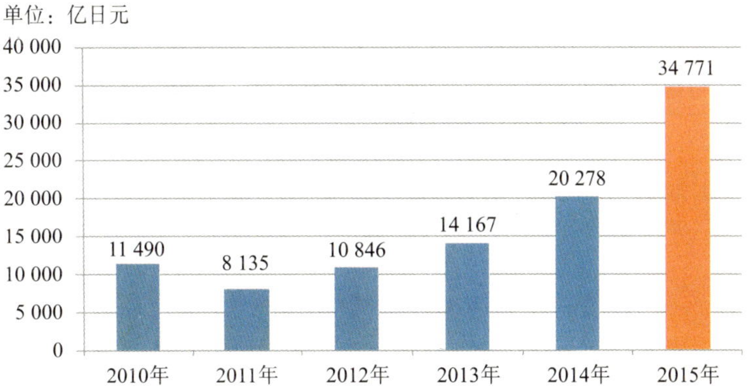

来源：日本政府观光局．访日外国观光客动向，P. 1 ~ P. 14

图 1－6　访日外国游客消费推移表

行业 KEY POINT！
Inbound、SNS 对策。

相关官方网站：

国土交通省观光厅 http：//www. mlit. go. jp/kankocho/

日本旅行业协会（JATA） http：//www. jata - net. or. jp/

日本 Hotel 协会 http：//www. j - hotel. or. jp/

2. 医疗行业

行业现状：

医疗行业是医药与治疗相关行业的总称。包含了化工业、制药业、医疗器械业、卫生材料业、机械加工业、包装材料业、美容业，保健业及相关服务。医疗行业由于涉及人的生命健康，随着中国富裕阶层的扩大，人们对于自身健康的关注上升到了前所未有的高度，因此在这个大家都对健康越来越重视的时代，医疗行业中蕴含着难以想象的巨大商机。由于经济发展水平的不同，日本比我国早先进入发达经济体，因此，在整形外科、康复治疗、健康诊断、微创手术、癌症、糖尿病以及再生医疗方面有着雄厚的技术以及经验。而受制于日本国内患者人数的不足，日本的医疗行业有大量的力量被闲置，而我国因为经济发展与医疗业发展的脱节，导致大量的患者无法在国内市场获得令人满意的医疗服务。因此，在这个行业中，存在着巨大的市场需求。在《2015 版日本复兴战略》中，安倍政府提

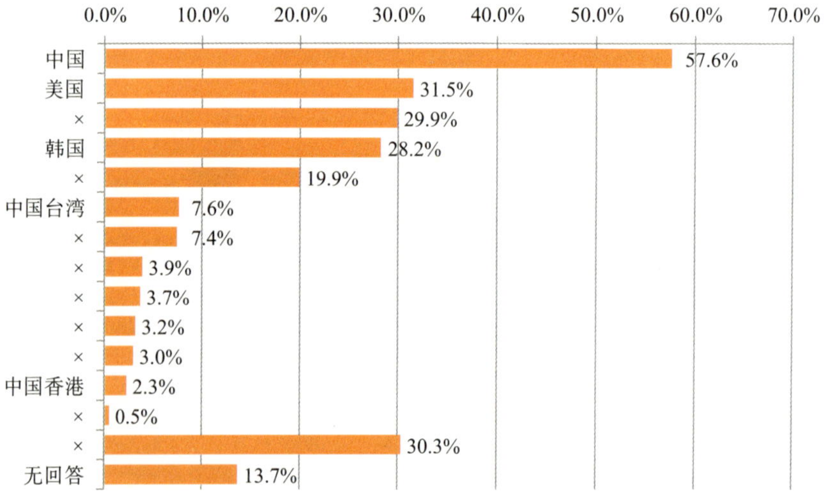

来源：东京三菱 UFJ 银行．日本的外国患者医疗现状，P. 12

图 1 - 7 访日外国患者国际分布图

出了开放日本国内医疗服务与技术给外国需求者的计划，相比于2013年访韩的21万名外国患者数，访日的外国患者数却不到3万名，而日韩两国同为发达国家，医药行业的服务与技术水平是基本处于同一水平的，因此，随着中国富裕阶层已突破1亿人次，相信投资日本的医疗行业必将带来巨大的利益回报。

表1－11　　2015年世界中产阶级人数　　单位：百万人

中国	109
日本	62
韩国	17
中国台湾	11
印度	24
澳大利亚	11
意大利	29
德国	28
英国	28
法国	24
西班牙	21
加拿大	13
美国	92
墨西哥	13
巴西	11
其他国家	170

来源：瑞士信贷公司.2015年世界健康资料手册，P.1

行业KEY POINT！
日本式医疗服务、高端技术。

相关官方网站：
日本医疗服务振兴会 https：//ikss.net/
厚生劳动省 http：//www.mhlw.go.jp/

3. 节能环保行业

行业现状：

节能环保是能源节约与环境保护相关行业的总称，涉及节能、新能源开发、环境保护与复原、废物循环利用等多种方面。受先天自然条件不足的限制，日本长期以来都是资源缺乏型的国家。而历经20世纪3次石油危机的考验，日本孕育出了大量高效的节能环保技术，同时，也形成了覆盖全社会的环保意识与理念。由于受到了地震及福岛核电站的影响，日本不得不对其能源结构进行了全面的调整，在放弃部分核电的同时更多关注于风电和光伏产业。为了提高新能源在全部能源体系中的比例，2012年7月，日本实施“可再生能源发电固定价格收购制度”，规定国家负责收购由经济产业省认证的太阳能发电设备产生的电能。而安倍政府在《2015版日本复兴战略》中，更是将节能环保行业列为4大产业大力扶持。日本拥有辽阔的近海资源和大量具有海上操作经验的技术人员，同时因为欧美的贸易壁垒，中国的太阳能产业正处于长期严重过剩的状态中，因此预计对日新能源的投资将有良好的市场前景与回报。同时，随着国人生活水平的日益提高，对于环境的要求也日益提高，再加之近年来，安倍为了刺激日本经济增长而将日元大幅贬值，相信对日环保技术方面的投资也能带来巨大的收益。2012年日本新能源自给率详见表1－12。

表1－12　经济合作与发展组织国家一次能源自给率比较表

国　家	排　名	自给率
挪威	1	677.4%
澳大利亚	2	235.4%
加拿大	3	166.2%
美国	8	85.0%
意大利	14	60.7%
法国	15	52.9%
德国	20	40.1%
韩国	30	18.0%
日本	33	6.0%

并且，因为2011年东日本大地震，导致日本的一次能源自给率在近年大幅下滑，从2010年的19.9%大幅跌至6.0%，成为经济合作与发展组织国家倒数第三的国家。

行业 KEY POINT!
新能源、能源结构改革。

相关官方网站：
经济产业省资源能源厅 http：//www.enecho.meti.go.jp/
环境省 http：//www.env.go.jp/

4. 养老服务行业

行业现状：

人都有老去的那一天，而随着医疗技术的进步，相比之前，人的寿命已经延长很多，因此老龄人口在全体人口中的比例也大大提高，而不同于每日需要为生计而四处奔波的年轻人，老年人往往只关心于自己的健康以及养老。因此随着中国的渐渐富裕，养老服务行业也从过去的仅仅满足老人的基本需求开始向提高老人的生活质量为新的努力方向。而作为超高龄社会典范的日本，因为比中国早20多年进入老龄化的社会，因此，对于养老服务，已经有了一套成熟的市场运作模式和完整的产业链。并且日本的老年人相对长寿，因此，投资日本的养老服务将可获得长期而稳定的回报。在《2015版日本复兴战略》中安倍政府对养老产业的外资开放方面，相较之前的政策而言无疑是大大降低了外资准入的门槛。因此，对于任何投资者而言，目前是进入日本养老服务业的最好时机。另外从2013年开始，中国的人口红利[①]已经渐渐消失，对于中国的老年人而言，获得更高质量的养老服务将渐渐成为社会的共识。而在日元大幅贬值的今天，成套引进日本的养老服务技术与商业模式，将为公司以及个人投资者打开一扇新的投资大门。

---

① 所谓“人口红利”，是指一个国家的劳动年龄人口占总人口比重较大，抚养率比较低，为经济发展创造了有利的人口条件，整个国家的经济呈高储蓄、高投资和高增长的局面。“红利”在很多情况下和“债务”是相对应的。2013年1月，国家统计局公布的数据显示，2012年我国15—59岁劳动年龄人口在相当长时期里第一次出现了绝对下降，比上年减少345万人，这意味着人口红利趋于消失，导致未来中国经济要过一个“减速关”。

表 1 -13 日本老龄化现状

		平成 26 年 10 月 1 日			平成 25 年 10 月 1 日		
		总数	男	女	总数	男	女
人口（万人）	总人口	12 708	6 180 （性比）94.7	6 528	12 730	6 191 （性比）94.7	6 539
	高龄者人口（65 岁以上）	3 300	1 423 （性比）75.8	1 877	3 190	1 370 （性比）94.7	1 820
	65 ~74 岁人口	1 708	810 （性比）90.2	898	1 630	772 （性比）90.0	858
	75 岁以上人口	1 592	612 （性比）62.5	979	1 560	598 （性比）62.2	962
	生产年龄人口（15 ~64 岁）	7 785	3 926 （性比）101.7	3 859	7 901	3 981 （性比）101.6	3 920
	年少人口（0 ~14 岁）	1 623	832 （性比）105.1	792	1 639	840 （性比）105.0	800
构成比（%）	总人口	100.0	100.0	100.0	100.0	100.0	100.0
	高龄者人口（高龄比率）	26.0	23.0	28.8	25.1	22.1	27.8
	65 ~74 岁人口	13.4	13.1	13.8	12.8	12.5	13.1
	75 岁以上人口	12.5	9.9	15.0	12.3	9.7	14.7
	生产年龄人口	61.3	63.5	59.1	62.1	64.3	59.9
	年少人口	12.8	13.5	12.1	12.9	13.6	12.2

来源：日本内阁府 . 2016 年社会老龄化现状报告，P. 1

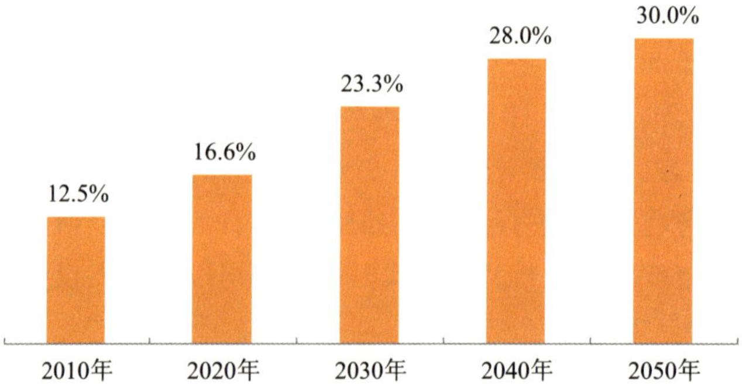

来源：全国老龄工作委员会 . 2013 中国老龄事业发展报告，P. 1

图 1 -8 中国 60 岁及以上人口占比趋势图

行业 KEY POINT!
银发商机、长期稳定收益。

相关官方网站：
日本内阁府 http：//www. cao. go. jp/
厚生劳动省 http：//www. mhlw. go. jp/

日本商务礼仪　小贴士

行礼

在商务场合中，圆滑的人际关系和交流过程中不可或缺的是寒暄语，首先第一步就是行礼。日式行礼大致分为坐礼和站礼两类。

站礼中，分为点头致意、敬礼（普通礼）、最恭敬的敬礼三种。

①点头致意是指对同事和在公司内擦肩而过的上司或者来访客人较为随意的行礼。上身略微倾斜 15 度，视线落在 1.5 米左右处行礼的礼节。也有仅弯曲头部行礼的人，这是违反礼节的。

②不仅仅是擦肩而过的情况下，在会见谈话等情况下也会敬礼打招呼，上身倾斜 30 度左右，视线落在 50cm 左右处的地方。

③最恭敬的敬礼是一种最有礼貌的行礼，向对方表达尊敬至上、表示歉意时使用。鞠躬至能够看到自己脚的程度，上体倾斜 45—60 度左右。

坐礼是在榻榻米上正式打招呼的行为，坐于坐垫的右侧，在膝盖前用手指支撑，上体倾斜 30 度左右。这种情况下，男性是用左右手支撑，中间间隔拳头的距离，女性则用左右手的食指支撑为礼节。在坐垫上行礼则违反礼节。

礼节所有的共同点是，伸直背部弯腰，若对方是地位高者或上司的情况，不能比对方先抬起头。

第二章
日本公司法概要

第一节
日本的公司形态及其优缺点

日本的公司法中规定的公司形态包括株式会社（股份责任）、合同公司（有限责任）、合名公司（合伙责任）及合资公司（有限合伙责任）。其中合同公司、合名公司、合资公司被统称为权益公司。

1. 株式会社

在日本最常见的外商投资形式为株式会社，股东以其所持的股份为限对第三方承担有限责任。

株式会社在日本享有其他投资形式所不具有的地位。在日本的法律下，某些限制类的行业（如制药、保险或者电信等）只能选择株式会社的形式。

2. 权益公司

权益公司是指将各股东的出资金额用“权益”这一单位表示的公司。一般情况下，权益公司由财产出资人自行经营。即“所有权与经营权一致”的公司。

权益公司根据各股东的责任种类可划分为合同公司、合名公司与合资公司。

（1）合同公司

合同公司是基于美国有限责任公司的形式而产生的，是投资者以其出资额为限承担有限责任的投资形式。其形态与株式会社相似均为有限责任，因此出资人仅以出资额为限承担责任。合同公司的出资者承担的责任基本上与株式会社相同，但与株式会社相比设立手续较容易、设立所需的费用也不高。除此之外，株式会社每个财政年度须公告年度决算，而合同公司则无须公告。

（2）合名公司

合名公司由无限合伙人共同或各自承担公司的债务。出资时除了现金等财产出资外，也可以劳务、信用等出资。但是由于合名公司的全体出资人均承担无限责任，因此在实际设立公司时几乎很少采用此种公司形态。

（3）合资公司

合资公司与合名公司大致相同。但合资公司的合伙人可以同时为有限合伙人或无限合伙人。与合名公司一样，在实际设立公司之时很少被采用。

表2－1为株式会社与权益公司在各方面的对比。

表2－1　　株式会社与权益公司的对比

公司形态	株式会社	合同公司	合名公司	合资公司
资本金	1日元以上	1日元以上	n/a	n/a
出资人数	1人以上	1人以上	1人以上	2人以上
出资权益的转让	原则上可自由转让	限制转让	限制转让	限制转让
出资者的责任	间接有限责任	间接有限责任	直接无限责任	直接有限责任
出资方式	财产出资（现金、其他财产）	财产出资（现金、其他财产）	财产出资加劳务出资、信用出资等	财产出资加劳务出资、信用出资等
出资返还	原则上可自由返还（但可通过章程限制）	有限制	有限制	有限制
决算公告	必须	无须	无须	无须
优点	·信用高（从银行借款比较容易） ·出资者以出资额为限承担义务	·设立手续较株式会社容易 ·无须决算公告 ·出资者以出资额为限承担义务	·公司设立时可不拿出出资资金 ·可以劳务、信用等出资	·公司设立时可不拿出出资资金 ·可以劳务、信用等出资
缺点	·设立手续复杂 ·设立费用较高 ·必须决算公告	·与株式会社相比信用相对较低	·以公司财产无法清偿的债务必须由出资人负责清偿	·以公司财产无法清偿的债务必须由出资人负责清偿

第二节
进军日本的投资形式

在日本有很多种投资形式供外国投资者选择。投资形式由投资活动的实质决定。最常见的投资形式有以下几种，见图2－1。

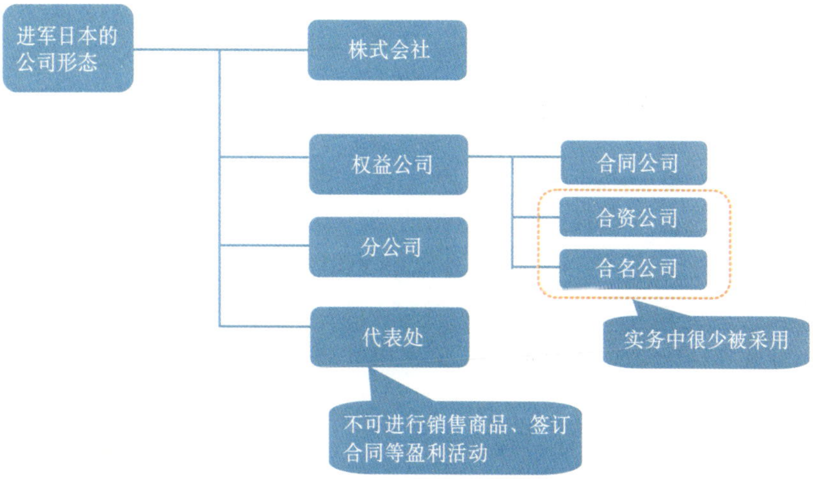

图2－1　进军日本的投资形式

1. 子公司（日本法人）

外国企业在日本设立子公司（日本法人），需根据日本公司法的规定选择株式会社、合同公司等法人形式设立公司（如前文所述，在公司法中虽然承认合名公司、合资公司的法人资格，但是由于其出资人非有限责任，必须承担无限责任，因此实务之中几乎不会被采用）。按照法律规定的手续进行登记后，即可设立各种形式的日本法人。由于子公司（日本法人）是与外国企业相独立的法人，因此对于因子公司（日本法人）的活动而发生的债权债务，外国企业按照法律的规定承担出资人的责任。除了设立子公司（日本法人）外，外国企业还可以采用通过日本法人进行对日投资的方法。如与日本企业或投资公司等设立合资公司，或者向日本企业参股等。

株式会社与合同公司虽然在出资人以其出资的财产为限承担责任这一方面并无差异，但两者也具有诸多不同。合同公司与株式会社相比其章程的自由度较高，且无须履行每年财务文件的审批义务，公司也无须进行决算公告。同时，原则上股东必须执行业务，但合同公司可以在章程中约定业务执行股东名单（公司法 590 条第 1 项）。

此外，关于株式会社与合同公司的代表取缔役，在以前的规定中要求必须至少有一名代表在日本有住所，并且在日本居住，2015 年 3 月 16 日法务省废除了该项规定，因此“在日本必须有住所”这一关于住所条件的规定已经不再适用。但是下述分公司的情况，仍然适用该住所条件的规定。

2. 支店 （分公司）

作为投资日本的手段之一，除了设立公司之外还可以选择设立分公司。分公司是指可在日本进行盈利活动但不具备法人资格的一种经营形态。但是由于分公司实质上为海外总公司的一部分，因此其可进行的业务比较受限。

分公司的设立是外国企业在日本设立营业活动据点最简便的方法之一。只要确保分公司的活动场所，登记分公司的代表人等必要事项之后即可进行营业活动。分公司仅在日本进行由外国企业具有权限的政府部门规定的业务，通常不具备独立的决策能力。在法律上，分公司不具有固定法人资格，而作为外国企业法人的一部分来处理。因此，一般情况下，由分公司活动所产生的债权债务责任最终将直接归属于该外国企业。但是，分公司可以以自身名义开设银行账户和租赁不动产。

此外，如上所述，分公司的代表人中至少有一名代表要在日本有住所，并且居住。

3. 代表处

代表处通常是在外国企业正式进入日本进行营业活动之前为实施准备

性、辅助性行为而设立的据点。代表处可进行设厂调查、信息收集、购买物品、广告宣传等活动，但是不能进行直接以营利为目的的活动。除外国公司为金融公司以外，代表处通常不需要向政府报告及进行商业登记，但代表处通常情况下也不可以自身名义开设银行账户和租赁不动产。因此，外国企业本部或者代表处的代表人等个人将成为这些合同的当事人。

由于代表处在日本并不从事经营性活动也不产生收入，因此无须在日本申报企业所得税。然而，代表处的雇员如在日本提供服务，须就其取得的收入在日本缴纳个人所得税。

鉴于代表处无法开展客户服务及商品销售活动，同时个人代表也需要以外国公司的名义在日本对外主张权利和承担责任，代表处只被作为临时性的投资形式使用。最终，外国公司会在日本设立分公司或者子公司。

各投资形态的比较见表2－2。

表2－2　　各投资形态的比较

投资形态	子公司		分公司	代表处
	株式会社	合同公司		
资本金	1日元以上	1日元以上	无须资本金	无须资本金
债权者对出资者/本公司的责任	以出资额为限度	以出资额为限度	无出资额	无出资额
必要的董事人数	根据公司组织形态而不同	无法定董事	驻日代表1名	无法定董事
法定的董事任期	根据董事而不同	无法定任期	无法定任期	无法定任期
定期股东（成员）大会	原则上每年有必要召开	非必须召开	非必须召开	非必须召开
是否可以变更为株式会社	— （组织形态可以变更为合名公司、合资公司、合同公司）	可以	不可以 分公司的注销手续，所有驻日代表人员的卸任登记和株式会社的设立需要分开进行	不可以
利润分配	根据出资比例分配	可以订立章程按照出资比例来确定分配比例	—	—
利润课税	对株式会社的利润和股东所分配股利征税	对合同公司的利润和股东所分配股利征税	原则上，对日本国内发生的所得额征税	—

第三节
株式会社的分类及其组织机构

1. 公开公司和非公开公司

公开公司[①]是指未对公司发行的部分或全部股份设置转让限制的公司。而非公开公司是指对公司发行的所有股份设置了转让限制的公司。

2. 大型企业和中小型企业

大型企业是指注册资本不少于5亿日元或者负债总额不少于200亿日元的公司。中小型企业是指注册资本少于5亿日元且负债总额少于200亿日元的公司。

3. 企业的组织机构及其设置义务

株式会社设有多种机构，分为必须设置的机构和任意设置的机构两类。下面，以同时满足中小型企业和非公开公司条件的株式会社为例，就机构的设置义务进行说明。

（1）股东大会

所有的株式会社都必须设置"株主总会"。相当于中国的股东大会。

---

① "公开公司"和所谓"上市公司"是不同的。公开公司是指，发行部分或者全部股份且不对股份转让设限的公司。上市公司是指在证券交易所登录的公司。上市公司一定是公开公司，公开公司中如果未在证券交易所登录的，则不是上市公司。

"株主总会"是株式会社的最高决策机关，有关公司的组织形态、董事和监事的选任以及其薪酬的决定以及股利分配等重大事项都需要"株主总会"决定。

（2）董事、董事会、董事长

与股东大会相同，"取缔役"也是所有株式会社必须设置的机构之一，相当于中国的董事。董事对内掌管公司事务，对外则代表公司。同时，董事会是由全体董事组成的集议机关，当公司同时满足中小型企业和非公开公司条件时，可按实际需要任意设置董事会。公司如果有 3 名以上董事，则必须设置董事会。若公司设有董事会，则必须设代表董事。董事任期 2 年，除公开公司外，同一人任期可延长至 10 年。

（3）监事

"监查役"是负责监查董事的职务执行情况的机构，相当于中国的监事。设有董事会的公司，原则上必须设置监事（存在例外情况）。监事任期 4 年，除公开公司外，同一人任期可延长至 10 年。

（4）会计审计师

会计审计师主要的职务和权限是对公司的财务资料进行审计。只限于"公认会计士"（即日本的注册会计师）或者"监查法人"（即日本的会计师事务所）可就任。若公司同时满足中小型企业和非公开公司的条件时，可按实际需要任意设置会计审计师。

（5）会计参与

会计参与是与董事共同编制财务资料等的机关，公司可按实际需要任意设置。需要具有日本注册税务师或者日本注册会计师资格，且董事、子公司的董事以及监事不可担任。任期 2 年，除公开公司外，同一人任期可延长至 10 年。

上述机构设置补充说明如表 2－3、表 2－4 及图 2－2、图 2－3。

表 2－3　　株式会社的分类

项　目	注册资本不少于 5 亿日元或负债总额不少于 200 亿日元	注册资本少于 5 亿日元且负债总额少于 200 亿日元
未对公司发行的部分或全部股份设置转让限制	大型企业中的公开公司	中小型企业中的公开公司
对公司发行的所有股份设置了转让限制	大型企业中的非公开公司	中小型企业中的非公开公司

表 2-4　　与株式会社的机构设置义务有关的比较

公司类型	中小型企业		大型企业	
	非公开公司	公开公司	非公开公司	公开公司
股东大会	强制设置			
董事	强制设置			
董事会	任意设置	强制设置	任意设置	强制设置
代表董事	有2名以上董事时方可选定	须选定1名以上	有2名以上董事时方可选定	须选定1名以上
监事	任意设置（有例外）	强制设置	强制设置	强制设置
会计审计师	任意设置	任意设置	强制设置	强制设置
会计参与	任意设置（有例外）	任意设置	任意设置	任意设置

图 2-2　最简单的机构设置情况
（同时满足中小型企业和非公开公司条件时）

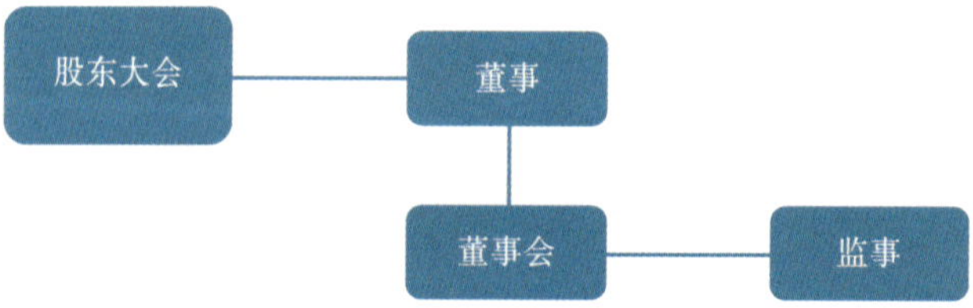

图 2-3　设置董事会的情况
（同时满足中小型企业和非公开公司条件时）

4. 公司章程的相关规定

公司章程所需记载的内容包括绝对记载事项、相对记载事项以及任意记载事项。绝对记载事项是指若章程中未记载该相关内容则章程将被视为无效。相对记载事项是指只有通过在章程中进行记载才能在法律上生效的内容。

表 2－5　　株式会社章程记载内容总结及举例

绝对记载事项	①目的 ②公司名称 ③总公司所在地 ④设立时的出资金额以及其最低缴付额 ⑤发起人的姓名和住所
相对记载事项	股票发行 董事会、会计参与、监事、监事会、会计监查人及其委员会的设置 董事、会计参与、监事、执行董事及会计监查人的免责 设有董事会公司有关年中分红的规定
任意记载事项	（1）关于股权 ①股东名册的基准日（公司法 124 条） ②股东名册的名义变更手续流程（公司法 133 条，134 条） ③增发新股手续流程（公司法 228 条 2 项） （2）关于股东大会 ①股东大会的定期召开时间（公司法 296 条 1 项） ②股东大会会议主持人（公司法 315 条） （3）关于财务决算 ①财政年度 （4）关于公告 ①公告方式（公司法 939 条 1 项）

第四节
各投资形态的设立登记手续

在日本投资设立公司，除了在中国国内履行相关行政手续外，也有必要在日本办理行政手续。以下，对中国、日本所需的行政手续流程做一简要说明。具体手续以中日两国当地政府机构实际确认的为准。

1. 中国国内的手续 （子公司与分公司通用）

中国企业在进行海外直接投资设立海外子公司或者分公司时，一般需要向境内三大主管机关（国家发展改革委员会、商务部、外汇管理局[①]）进行核准、备案或登记等流程。企业境外投资如果不涉及敏感国家和地区[②]、不涉及敏感行业[③]，一般无须经有关主管机关核准，仅履行备案手续即可。目前日本不属于中国政府海外投资敏感国家，如果不是敏感行业的话，中国企业在国内只需履行发改委、商务部和银行的备案登记手续即可。

第一步：国家发展改革委员会进行项目备案

所需资料：

（1）项目申请报告书；

---

① 根据国家外汇管理局2015年2月13日最新公布《国家外汇管理局关于进一步简化和改进直接投资外汇管理政策的通知》（2015年6月1日起生效），自2015年6月1日起，由银行直接审核办理境外直接投资项下外汇登记。国家外汇管理局及其分支机构通过银行对直接投资外汇登记实施间接监管。

② 敏感国家和地区包括：未建交和受国际制裁的国家，发生战争、内乱等国家和地区。

③ 敏感行业包括：基础电信运营，跨境水资源开发利用，大规模土地开发，输电干线、电网，新闻传媒等行业。

（2）董事会决议及相关出资决议；

（3）投资主体及外方资产经营和资信情况文件；

（4）银行的融资意向书；

（5）以有价证券、实物、知识产权或技术、股权、债权等资产权益出资的，按资产权益的评估价值或公允价值核定出资额，并应提交具备相应资质的会计师事务所、资产评估机构等中介机构出具的审计报告、资产评估报告及有权机构的确认函，或其他可证明有关资产权益价值的第三方文件；

（6）其他相关资料。

所需时间：7～10个工作日。

成果物：取得《备案通知书》。

相关法规政策：《境外投资项目核准和备案管理办法》（国家发改委2014年9号令）。

注：根据2013年9月29日发布的《中国（上海）自由贸易试验区境外投资项目备案管理办法》，在上海自贸区注册成立的地方企业可以通过其管理委员会进行网上备案，审理时限只需5个工作日。

第二步：商务部进行境外投资备案

所需资料：

（1）《境外投资备案表》，企业应当通过“管理系统”按要求填写打印，并加盖公章；

（2）境内投资主体营业执照复印件；

（3）境内投资主体股东会决议；

（4）境内投资主体最新财报。

所需时间：3～5个工作日。

成果物：取得《企业境外投资证书》。

相关政策法规：《境外投资管理办法》（中华人民共和国商务部令2014年第3号）。

第三步：银行办理直接投资外汇登记

所需资料：

（1）书面申请并填写《境外直接投资外汇登记申请表》；

（2）营业执照或注册登记证明及组织机构代码证（多个境内机构共同

实施一项境外直接投资的，应提交各境内机构的营业执照或注册登记证明及组织机构代码证）；

（3）非金融企业境外投资提供商务主管部门颁发的《企业境外投资证书》；

（4）银行要求的其他材料。

所需时间：3日。

相关法规政策：《国家外汇管理局关于进一步简化和改进直接投资外汇管理政策的通知》（汇发［2015］13号）；

《中华人民共和国外汇管理条例》（国务院令第532号）。

2. 日本国内的手续

（1）日本子公司设立

日本子公司需在日本法务局登记后方能设立。登记申请日即为设立日，设立日后即可进行营业活动。在日本子公司设立手续所需要的资料中，有外国企业在日本必须准备的文件。包含外国企业概要的证明文件、外国企业代表者的代表权限证明文件、外国企业代表者签名真伪的证明文件等。

一般情况下，可以使用外国企业的公司章程、设立证明书、登记证明书等官方文件或外国企业由其本国公证人所认证的“宣誓供述书”等文件。这些都是日本子公司在章程的认证手续时必要的文件。另外，对于日本金融机构，在日本子公司办理资本金保管和保管证明书发行的时候也会需要上述文件。资本金的保管证明书，是日本子会社将全额资本金汇款到委托金融机构所制定的特别账户后，该金融机构所发行的证明书。另外，认证后的章程和资本金保管证明书都是公司设立申请时必要的文件。

表2-6　　日本子公司设立手续的流程

1. 株式会社设立概要的决定※①
2. 法务局对同一商号的调查※②
3. 株式会社的章程制定※③
4. 母公司的登记证明书等文件的取得以及母公司相关概要宣誓供述书，母公司代表人的签字和相关宣誓供述书的准备（宣誓供述书需要本国公证人的认证）

续表

5. 由日本公证人认证株式会社的章程※④
6. 将株式会社的资本金汇到发起人或者设立时代表董事的账户※⑤
7. 董事、监事等的选任以及董事设立手续合法性调查※⑥
8. 向法务局申请株式会社设立登记（株式会社设立日）、向法务局呈报公司公章※⑦
9. 登记事项证明书以及公司公章证明书的取得（登记申请约2周后）
10. 在银行开立公司名义的账户
11. 向日本银行提出股权取得的呈报（部分行业必须在公司设立前提出呈报）

以上每个程序中的重要决定事项说明：

※①株式会社设立概要的决定。公司概要，包括拟设立公司的商号、公司地址、事业目的[①]、董事、公告的方式和事业年度、资本金等。这些事项都是要写在章程里，所以提前决定具体内容以便以后的手续办理。

※②类似商号的调查。商号是公司的名称，决定商号也有一些规定。比如，如果要设立的是株式会社，公司名里一定要加个“株式会社”，英文字母大小写、阿拉伯数字以及空格等均可使用，著名的公司商号（如三菱、三井之类）或者很容易误解这些很有名的公司的商号是不可以使用的。

※③章程的制定。在上述※①制定的公司概要的基础上制作公司的章程。要注意的是，如果章程里没有载明“绝对记载事项”的话，该章程则被视为无效。

※④公证人公司章程的认定。公司制定的章程只有取得公证机关公证人的认定才有效。

※⑤将资本金汇到发起人（或设立时代表董事）的银行账户。接受公证人的章程认定之后，将资本金汇到发起人（或设立时代表董事）的银行账户。汇款时，请在存折中记载汇款人的名称，以辨别汇款人。

※⑥设立时董事、监事等的选任，设立时董事设立手续合法性调查。

① 日本没有类似于中国的经营范围之说，也不在章程中明确区分是生产型企业还是贸易公司，但是章程中需明确记载事业目的，并不得从事章程中所记载目的以外的事业活动。

一般情况下，从登记到正式成立期间的董事为登记时的董事。

※⑦法务局的公司设立登记申请。公司从设立登记起取得法人资格（可以开展业务）。设立登记手续完成后2周内，制作登记申请书，并向所属管辖区的法务局申请登记代表董事。代理申请的情况下需提供公司的委托书。

最后需要补充说明一下，一般企业的设立只需履行上述的登记备案手续即可，但是有些特殊行业是实行审批许可制的，需要到指定政府机构事先取得行政许可方可设立登记。

表2-7　需要事先许可审批的行业

类　别	行　　业	许可机关
饮食店相关	饮食店	保健所
	咖啡店	保健所
	深夜提供酒类饮食店	警察署
食品饮料销售业	食品饮料销售业	保健所
	肉类销售业	保健所
	酒类销售业	税务署
	海鲜类销售业	保健所
食品饮料制造	点心制造业	保健所
	蔬菜制造业	保健所
旅游业相关	旅行代理店（国内旅行）	都道府县
	旅行代理店（海外旅行）	运输局
	酒店旅馆业	都道府县
人才派遣、职业介绍	普通劳动者派遣	劳动局
	有偿职业介绍事业	劳动局
二手物等	回收店	警察署
	二手自行车行	警察署
看护、药妆店	居家看护服务	都道府县
	药妆店	都道府县
理发、洗衣	理发店、美容院	保健所
	洗衣店	保健所
不动产	不动产业	都道府县或者国土交通省

（2）分公司

虽然在法务局进行分公司设立登记后，分公司便可以开展经营活动，但是外资企业的分公司必须按照与该外资企业类型最为相似日本法人的登记要求进行登记。因而，为了选择与外资企业类型最为相似的日本法人，并对相关登记内容进行整理，需要参考该外资企业的章程、设立证明书、登记证明书等资料再进行探讨。此外，公司只有在决定分公司经营场所、在日法人代表、分公司设立日、资产负债表的公告方式等分公司固定的登记事项之后，才能最终确定需登记的内容。

分公司设立登记时，必须要提交与登记内容相关的证明资料，该证明资料需由外资企业本国拥有适当权限的机构提供。经在日大使馆等机构认证的与登记内容相关“宣誓供述书”可以作为上述证明资料使用。一般而言，在日本设立分公司会比设立子公司流程更烦琐、时间更长些。

表 2-8　分公司的设立流程

1. 根据行业不同，需事前向日本银行进行设立分公司的申报
2. 分公司登记内容的整理
3. 在法务局对公司名称是否重名进行调查
4. 设立分公司（分公司设立日可任意选择）
5. 编制与设立分公司相关的宣誓供述书
6. 由在日大使馆的领事对宣誓供述书进行认证
7. 向法务局提交分公司设立的登记申请、并在法务局登记公司印章
8. 取得登记内容证明书以及公司印章证明书
9. 在银行设立以分公司为名义的账户

以上日本国内关于子公司或者分公司的设立业务，可以委托日本当地的行政书士代为办理，代办费用一般在 100 万日元（约 6 万元）以内。在资料准备齐全的前提下，日本国内设立子公司所需时间一般为 10～20 个工作日，分公司一般需要 20～30 个工作日。

第五节
签　　证

1. 入境手续

入境日本时，原则上需提前在驻外日本大使馆或者领事馆等驻外日本公馆（以下简称“驻外日本公馆”）取得符合入境目的的签证，然后在出入过关时持有效护照接受入境审查员的审查，在取得经审查员加盖入境许可印章的护照并确定在留期间后方可入境。

在办理入境、在留资格申请手续的过程中、很多人都搞不懂有关签证（日语为“查证”）和在留资格的区别。

签证，是入境日本的条件，需提前在驻外日本公馆取得。在护照持有人所取得的签证中所记载许可的范围内，该护照持有人可以入境日本。也可以理解为为了入境日本而取得的推荐类证明。

而想要入境日本并留在日本一段时间的外国人原则上需要在出入境口岸取得入境许可，凭借取得的在留资格留在日本。此外，不同的在留资格规定了外籍人员在日本期间不同的活动范围。

从取得在留资格认定证明书到取得护照的流程

一般而言，签证在驻外日本公馆申请并取得，但在大多数情况下，在留资格申请者需先经过日本入国管理局审查，判断该申请者所进行活动是否符合签证条件，对于符合签证条件的，为其发行在留资格认定证明书。之后将该在留资格认定证明书提交给驻外日本公馆申请签证。需要说明的是，“短期在留资格”不颁发在留资格认定证明书。

从在留资格认定证明书的申请至到达日本的一般流程

首先，日本国内的邀请人（“日本招聘人”）和中国的申请人（“中国申请人”）之间制定前往日本的具体日程计划，且以后的手续都按照该计划来进行。

日本招聘人备齐应提交资料后，向日本入国管理局申请在留资格认定证明书。审批通过后，日本入国管理局会发行在留资格认定证明书。中国申请人收到在留资格认定证明书之后，与其他所需资料一起提交给日本驻中国大使馆或领事馆申请签证，详见图2－4。

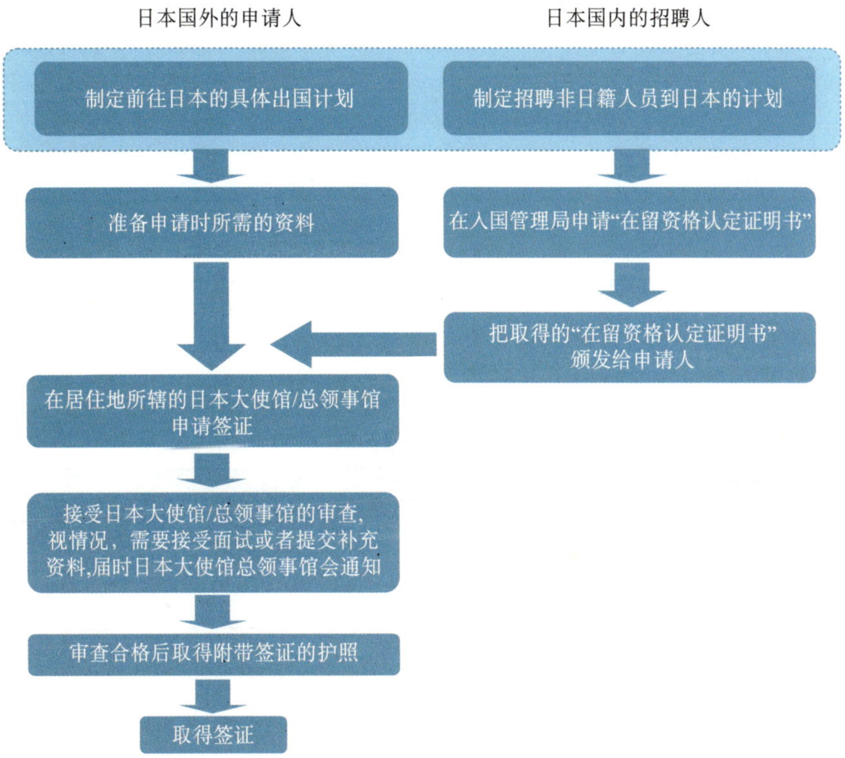

图2－4 从取得在留资格认定证明书到取得签证的流程

2. 涉及对日投资的主要就业资格

涉及对日投资的主要在留资格以及在各个资格中可以进行的活动如表2－9：

表 2－9　　主要在留资格种类

在留资格种类	具体描述
经营·管理	在日本从事贸易或其他事业的经营或者该事业的管理活动
技术	根据与日本公司的合约，从事需要理学、工学、其他自然科学的领域相关技术或者知识的业务活动
技术·人文知识·国际业务	根据与日本公司的合约，从事需要理学、工学、其他的自然科学的领域或者法律学、经济学、社会学、其他人文科学领域相关知识的业务，或者从事对外国文化能进行深刻的思考或感受的业务活动
企业内调动	对于在日本有总部、分公司、其他据点，并且在国外有据点的公司职员，调动到日本一定期间，从事技术或者人文知识、国际业务活动
法律·会计业务	具有外国律师、外国注册会计师、其他法律相关资格的人，从事法律或者会计相关业务的活动
技能	根据日本公司的合约，从事需要产业上的特殊技能的业务活动

来源：日本入国管理局主页 http：//www. immi. －moj. go. jp/tetuduki/kanri/qaq5/html

外国企业投资日本，一般会选择代表处、分公司以及子公司（日本法人）等形态。各进入形态的代表人分别对应何种在留资格，由不同条件和标准来决定，通常具备以下几种情况，见表 2－10：

表 2－10　　各种在留资格情况

代表处的代表人	在留资格
日本分公司的代表人	“企业内调动”或者“经营·管理”
子公司（日本法人）的代表人	“经营·管理”

另外，由代表处、日本分公司、子公司（日本法人）招聘的外籍人员（符合投资经营的在留资格者除外），通常应取得“企业内调动”在留资格或者符合本人的学历、职业履历以及担当业务内容的其他在留资格（如“技术、人文知识、国际业务”等）。

（1）关于如何取得“经营·管理”的在留资格

关于企业经营的条件

确保用于公司经营的办公场所满足以下条件之一：

①具有除公司管理者或者经营者以外，2 人以上的在日居住的专职员工（需日籍人员或持有日本永久居住权的外籍人士）；

②出资额超过500万日元。

就任既有企业管理层对企业进行经营管理的条件

①从事经营管理的相关工作3年以上；

②同日本人员工取得同等标准报酬。

其他条件

企业持续经营。

所需费用

“经营投资”在留资格免费申请。申请“经营投资”在留资格时，只需支付收集申请资料的费用和公司设立的相关费用。

申请所需时间

“经营投资”在留资格的审查时间，一般为1—3个月。考虑到收集申请资料所需时间，建议预留2—4个月。

（2）短期在留签证·资格

“短期在留”，是指在日本短期停留进行如观光、疗养、运动、亲属访问、参观、参加研讨会或聚会、业务联络以及其他相关的活动。短期在留资格不允许进行就业活动，其活动范围中，跟商务相关的具体活动通常如下：

- 为参观、视察等的目的在留（如参观工厂，视察商品展览会等）；
- 参加企业召开的研讨会、说明会；
- 参加会议以及其他聚会；
- 赴日本出差进行业务联络、谈判、合约签字、售后服务、宣传、市场调查以及其他短期商务活动。

为对日投资、业务开展所做的市场调查等准备行为通常被认为是短期在留的活动范围。另外，短期在留的停留期间通常为90日、30日或者是15日。

表 2 - 11　　申请短期商务签证时所需材料清单

材料提交者	材料名	数量	详细说明
签证申请人	签证申请书	1	需贴附大一寸彩色，六个月内免冠近照，底色不限
	护照	1	有效期半年以上，持照人签名处有本人签名，并提供之前日本签证页及出入境章的复印件，如无法提供，须以申请人本人或所在单位名义出具说明
	居住证正反面复印件	1	只限于户口不属于当地管辖区内的申请
	在职证明书原件（注 1）	1	只限于持因私护照的申请者，由申请人所属企业出具，请使用公司信笺，并盖公司公章
	所属单位的营业执照或经营许可证复印件	1	只限于持因私护照的申请者
	身份证及户口簿复印件	1	身份证要正反面复印；户口簿要整本复印；如是集体户口，则户主地址页及本人页都要提供
日方邀请单位（注 2）	邀请理由书	1	申请人为两人以上时，请将其中代表的个人信息填写在邀请理由书中，另外做成一份全体申请人的名单表，与申请材料一起提交。有效期为三个月
	停留日程表	1	请尽可能详细制作，有效期为三个月
	身元保证书（注 3）	1	须加盖公司公章或代表者职务章

续表

<table>
<tr><th colspan="2">材料提交者</th><th>材料名</th><th>数量</th><th>详细说明</th></tr>
<tr><td rowspan="6">日方邀请单位需提交的其他资料（注4）</td><td rowspan="4">已登记注册法人的单位（注5）没有登记注册法人的单位</td><td>“会社四季报”复印件</td><td>1</td><td>有效期为三个月</td></tr>
<tr><td>公司・团体的概要说明书</td><td>1</td><td>（最新版）</td></tr>
<tr><td>简介书或者宣传册等可说明邀请机关情况的概要资料</td><td>1</td><td></td></tr>
<tr><td>公司・团体的概要说明书</td><td>1</td><td></td></tr>
<tr><td rowspan="2">没有登记注册法人的单位</td><td>简介书或者宣传册等可说明邀请机关情况的概要资料</td><td>1</td><td></td></tr>
<tr><td>受大学教授或者副教授邀请时，提交其在职证明书</td><td>1</td><td></td></tr>
</table>

注1：因私护照以外的申请者应在提交照会的同时附上注明申请人所属单位、职务的名单。

注2：原则上邀请单位应为法人、团体、国家或地方政府。但是，当大学教授以公务为目的进行邀请时可将个人认定为邀请单位。

注3：以业务为目的，且邀请人为日本政府省厅或者是国家独立行政法人的研究机关的科长或大学教授或副教授级别以上的人时，可以省略身元保证书，申请人持因公护照也可省略身元保证书。

注4：国家或地方政府邀请时无须提交，国家独立行政法人的研究机关的科长级别以上人员申请签证时，需要在职证明书，如果申请人持因公护照，可以省略。

注5：国家或地方政府邀请时，无须提交。国家独立行政法人研究机构邀请时，提交课长以上职位人员的在职证明。

（3）关于陪同就业外国人的家属

在日本就业的外籍人员所扶养的配偶者或子女可取得“家族在留”的在留资格。取得该在留资格后，可在该在留资格活动范围内进行包括就学等的日常活动，但原则上不允许从事可取得收入的工作（取得“资格外活动许可”者可以做短时间的工作，但原则上一周不得超过28小时）。“家族在留”在留资格认定证明书及相关签证的申请，可以同申请日本就业外国人本人同时申请，也可以在就业外国人本人正式取得工作资格之后再进行申请。

日本商务礼仪　小贴士

电梯中的行礼

乘坐电梯时，对方边说“今天谢谢您”边行礼。当然我也行礼，但对方一直保持低头状态。

即使急急忙忙地说“谢谢，再见”，对方也丝毫没有抬头的意思。

因不能就这样离去，于是就一直按着电梯的“开门”按钮，日本同事赶紧悄悄地跟我说“在电梯门完全关闭之前一直低头是日本的礼节”，于是我急忙地关闭了电梯门。

在电梯门完全关闭的1cm左右的间隙看到对方还在行礼的姿态，可以说即使过了5年，那姿态仍然留在我脑海里。

第三章
日本的基本会计制度

第一节
日本会计制度概述和
财务报表披露等要求

1. 日本会计制度

日本会计制度是以《公正会计惯行》为规范制定的。而《公正会计惯行》是指以《企业会计原则》为中心，随着经济、社会环境的变化而制定并且不断修订的一系列会计准则。

日本会计制度，是以上述的《公正会计惯行》为基础，结合各类相关法律法规编制而成的一系列规则的集合。

上述法律主要包括金融商品交易法、公司法、法人税法（类似于中国的企业所得税法）。公司法是以保护股东及债权人利益为目的，以核算企业可供分配利润为主轴而制定的法律，与之相对应的金融商品交易法则是以保护投资人利益为目的，通过对上市公司的财务状况以及经营成果的披露行为进行约束，为投资人的投资判断提供帮助而制定的法律。至于法人税法，则主要是对企业应纳所得税的计算规则进行规定的法律。上述法律都与相应的会计知识有非常密切的关系，所以，以下将先对相关必要的会计知识进行简单的说明。

◆ **要点**

一直以来，日本的会计准则通常以之前所述的《企业会计原则》为中心来制定的。但随着国际财务报告准则（International Financial Reporting Standards，IFRS）的运用，世界各国的会计准则都在逐渐趋于同化，为了

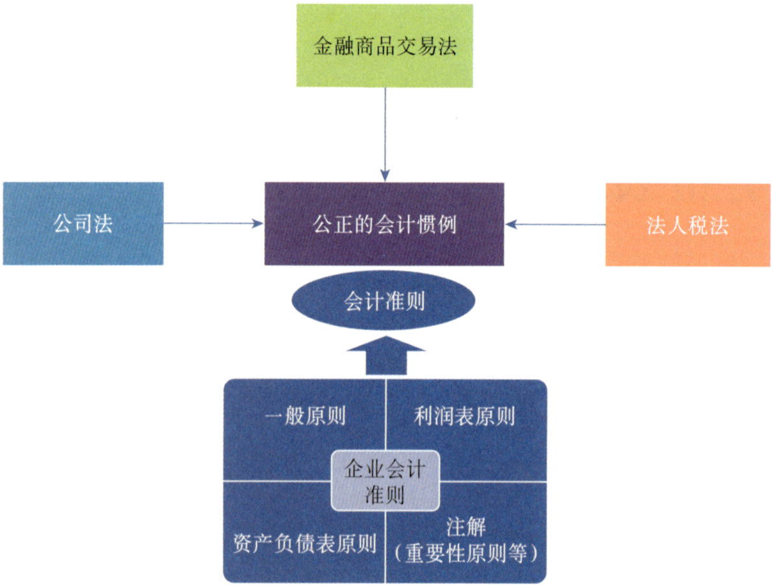

图 3－1　日本会计制度与相关法律的关系图

赶上时代的变化，现在日本会计准则也开始逐渐以“概念框架”为中心进行大规模的调整。但是由于调整工作量的巨大，目前所使用的日本会计准则，依然是处于多种企业会计原则的理论并存的状态。

2. 财务报表的披露和法律要求

财务报表是反映公司的财务状况和经营成果的重要财务资料。通常，标准的财务报表应当包括资产负债表、利润表、现金流量表等内容，公司每年至少编制一次。公司必须根据编制完成的财务报告，对相关财务信息进行披露并履行纳税义务。

根据不同的法律规定，公司所需编制的财务报表的种类以及披露规则也有所差异。而且由于法律规定的不同，不同类型与规模的公司所依据的会计准则也不尽相同。表 3－1 和表 3－2 所示的是目前通常必须编制的财务资料与相对应的法律以及所对应的披露规则。

表 3－1　法律与财务报表的关系

财务报表（公司法）	财务报表（金融商品交易法、上市规定）
资产负债表	资产负债表
利润表	利润表
所有者权益变动表	所有者权益变动表
个别附注表	现金流量表
附属明细表	附属明细表

表 3－2　法律与披露规则的关系

法律依据	披露频率	披露规则	披露方法	财务报表审计
公司法	原则上一年一次	会计计算规定	直接披露或间接披露或公告	大型企业※强制
金融商品交易法	每季度一次	财务报表等规定	间接披露	强制
上市规定	每季度一次	财务报表等规定	间接披露	无须

※大型企业是指注册资本不低于 5 亿日元或者负债总额不低于 200 亿日元的公司。

◆　要点

日本的上市公司必须同时按照公司法以及金融商品交易法的相关要求进行披露。虽然披露的内容基本相同，但很长时间内，由于法律规定上市公司一直被要求按照两种不同的表述进行重复披露，而这种重复披露的状况一直持续到了 2014 年相关法律被修订后才得以结束。为了解决上述重复披露的问题，日本政府于 2014 年 3 月 26 日公布了内阁府令第 19 号《关于修订部分财务报表用语、格式及编制方式相关规定等的内阁府令》的政府命令，根据该政令，上市公司披露行为相关的法律被进行了重新修订，因此长时间困扰上市公司和投资人的上述重复披露的工作负担得以减轻。

第二节
日本的主要会计准则

1. 收入确认准则

关于日本的收入确认准则，企业会计准则只规定了“销售额需遵循权责发生制，只限于销售商品或者提供劳务实现的收入”，并没有记载具体的收入确认方法。

但是在实务中，日本企业在国内销售时普遍采用发货基准、交货基准、验收基准，而对外出口销售时则通常采用装船基准、报关日基准等为收入确认基准。

2. 存货的会计准则

存货是指外购商品、产成品、半成品、原材料等资产。其中包括企业以达成营业目的而持有的、预计不会销售的商品以及在销售活动和日常管理活动中短期内将要使用的办公用消耗品。

关于存货的成本，原则上是由买价或制造成本加上进货费用等附加费用构成，并且以下列表格（表3－3）中所列的计价方法中的一种来计算销售成本等发出成本及期末存货价值。

存货的期末计价采用“低价法”，即存货的期末售价净额低于其成本的，将成本与售价净额之差额计入当期费用的方法。

对于已计提的存货跌价准备，可以根据公司的实际情况选择采用当期转回或当期不转回两种方法进行处理。

表 3－3　　存货的计价方法

个别计价法	按照存货的成本将其分类，并按照各类存货的实际成本计算期末存货价值的方法为个别计价法。个别计价法适用于个别性较强的存货的计价
先进先出法	假定存货按照取得的时间顺序依次发出，且期末存货由最近取得的存货构成，以此为前提计算期末存货价值的方法为先进先出法
平均加成法	计算出存货的平均成本，以此计算期末存货价值的方法为平均加成法（平均成本按照总平均法和移动平均法计算）
售价还原法	按照销售利润率将存货划分为存货组，并按照各个存货组的售价合计额乘以成本率计算得出期末存货价值的方法（适用于商品种类非常多的零售业等行业的存货计价）

◆　要点

在 IFRS 中，仅在以下两种情况可以冲回已计提的存货跌价准备，即导致存货跌价的原因已消除，或者有证据表明其可变现净值明显增加。

日本准则虽然认可转回和不可转回两种方法，但对于突发原因，即使跌价准备已转回，但其转回也有可能不被认可。

3. 固定资产的折旧方法

对于固定资产的折旧，在日本普遍均按照法人税法中关于计算应纳税所得的规定进行会计处理。即以“税法标准”进行会计处理，此种做法已成为日本会计实务中的习惯性做法。

因此，如表 3－4 所示，虽然日本的会计准则中有关于固定资产的折旧方法、残值、使用年限等的表述，但实务操作中大多数情况下企业还是习惯性地按照税法标准来确定固定资产的折旧方法。

表 3－4　　固定资产的折旧方法等（日本准则）

可使用的折旧方法	定额法（即直线法）、定率法、级数法、生产额比例法
残值	无特别规定
资产使用年限	虽无特别规定，但多采用资产的经济耐用年限
折旧单位	无特别规定

◆　要点

无论是日本准则还是 IFRS，其基本思路是一致的。即将资产的成本扣除残值后在使用年限内进行折旧。表 3 –5 将 IFRS 中认可的折旧方法按照与上表相同的形式列示如下，以供大家参考。

表 3 –5　　固定资产的折旧方法等（IFRS）

可使用的折旧方法	例如有定额法（直线法）、定率法、生产额比例法，但实务中，定率法很少使用
残值	达到资产预计使用年限时，企业处置该资产可取得的折现价值（需扣除预计处置费用）
使用年限	（a）企业预计可使用一项资产的期间 （b）企业从一项资产可获得的预计产量或与此类似的单位
折旧单位	对于构成资产的重要组成部分，须进行独立折旧

4. 融资租赁

租赁交易是指出租人将使用收益的权利转让给承租人，承租人向出租人支付协商一致的使用费的交易方式。

而在日本，满足以下条件之一的租赁交易即被视为融资租赁。

（1）租赁合同中约定租赁期内该租赁合同不可解除，或者与之类似的租赁交易（不可解除的租赁交易）；

（2）承租人实质上享受了使用租赁合同标的物带来的经济利益，且实质上承担了该标的物使用过程中所产生的费用（全额偿付的租赁交易）。

具体来说（1）类融资租赁就是包括合同中约定不可解除的租赁交易，以及解约时须支付相当于剩余租赁期几乎全部租赁费用的违约金（规定赔偿金）作为赔偿等可认定为事实上不可解除的租赁交易。

而（2）类融资租赁则是指承租人预计自身可获得目前自己所使用的租赁物的几乎所有的经济利益。具体来说，其意味着承租人所支付的租赁费用总额相当于该租赁标的物的成本、维修管理等费用、过时的风险等几乎全部成本的总额。

经营租赁是指除融资租赁以外的租赁。此外，融资租赁可分类为租赁标的物的所有权转移给承租人的融资租赁和所有权不发生转移两种形式。详见图 3 –2 和图 3 –3。

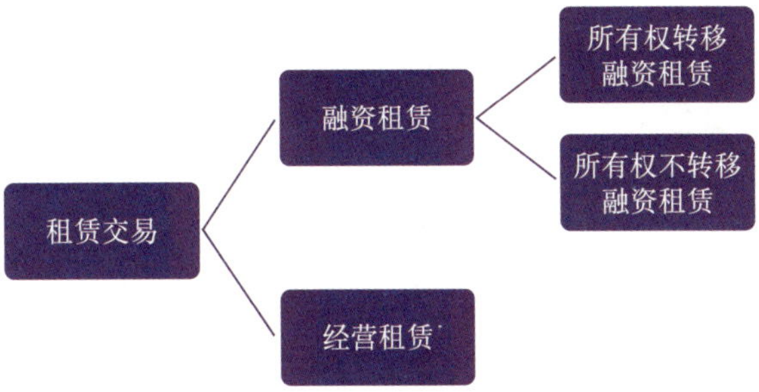

图 3－2　租赁交易的分类

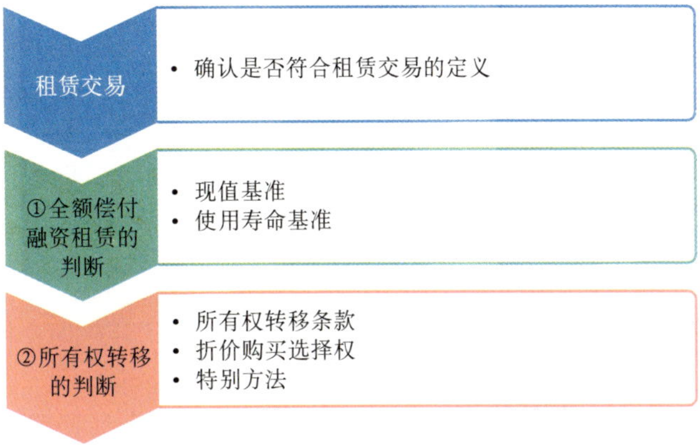

图 3－3　融资租赁交易的判断准则流程

①全额偿付融资租赁（FullPayout）的判断

A. 现值准则：不可撤销租赁期的租赁付款额现值相当于承租方用现金购买该租赁资产的合理预估购买价格的 90% 以上（含 90%）。

B. 使用寿命准则：不可撤销租赁期占该租赁资产使用寿命的 75% 以上（含 75%）。

在日本，当满足上述任一条件时，该租赁交易则被认定为融资租赁交易。

②所有权转移的判断

被认定为融资租赁交易后，符合以下条件时，该交易则被认定为所有权转移融资租赁交易，不符合以下任一条件时，该交易则被认定为所有权未发生转移融资租赁交易。

A. 在租赁期届满时或者在租赁期未满时，租赁资产的所有权转移到承租方的租赁交易。

B. 承租方有在租赁期届满时或者中途，以双方同意的或者远低于行使时的租赁资产的价格购买了租赁资产所有权转移的选择权（即购买选择权），因而可以合理地确定承租方将会行使这种选择权的租赁交易。

C. 租赁资产为满足承租方的特别用途等被制造或建设，且该租赁资产归还后出租方难以再次租赁或转卖给其他第三者，从而明确显示在其可使用期间只有承租方才使用该资产的租赁交易。

表 3-6　　　　承租方的会计处理方法

交易类型	会计处理方法
融资租赁交易	
所有权转移融资租赁交易	买卖处理
所有权不转移融资租赁交易	买卖处理
经营租赁交易	借贷处理

所谓买卖处理，是指租赁时同时确认租赁资产和租赁债务的处理方法。租赁资产根据所有权转移和不转移、使用寿命或租赁期计提折旧。所有权转移融资租赁资产在租赁资产的使用寿命期内计提折旧，而所有权不转移融资租赁资产则在租赁期内计提折旧。

至于借贷处理，是指将发生的租赁费计入费用的会计处理方法。

◆ 要点

在判断融资租赁时，日本会计准则通常按照数值准则（现值准则和使用寿命准则），但是 IFRS 里则不适用这种数值准则，而是根据实际情况来判断该交易是否属于融资租赁。也就是说，日本会计准则是遵循先按照数值准则判断是否属于融资租赁，然后判断是否确认资产的操作流程，由于适用数值准则，根据数值的不同设定方式，可以不确认资产，在账外活用租赁资产等方法从而使 ROA① 能得到改善，但是 IFRS 则按照实际内容来判断融资租赁是否成立，对 ROA 的改善影响有限。

在日本会计准则中，对小额租赁交易（对于企业经营不具有重要性且每份租赁合同的租赁费总额小于 300 万日元的租赁交易），即使是融资租赁，也可适用经营租赁的会计处理方式。而 IFRS 则没有有关小额租赁资产的免除规定。

---

① Return on Assets，即资产收益率。

5. 固定资产的减值会计

固定资产的减值，是指因资产收益性的下降而不能收回投资额的状态，减值处理是指发生这样的情况时为了在一定的条件下反映该资产的可收回性而将资产的账面价值进行调整的会计处理方式。

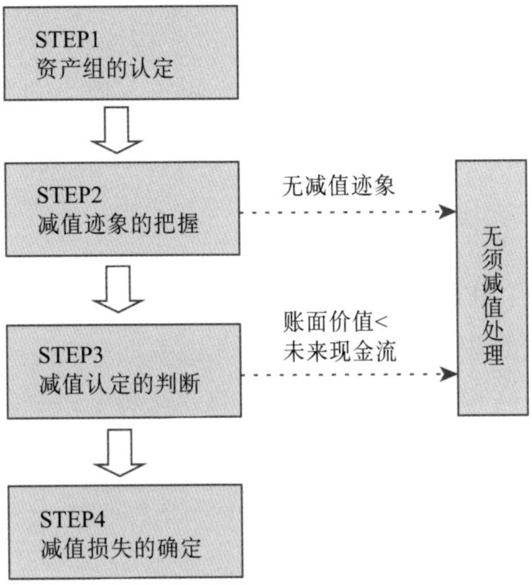

图 3－4　减值的会计处理流程

（1）资产组的认定

对资产计提减值时，首先应当认定需要计提减值损失的资产组。其中，资产组是指从其他资产组现金流中能独立出来的最小单位。

（2）减值迹象

减值迹象，是指预示资产或资产组可能发生减值的事项，在《关于固定资产减值的会计准则》里列示以下四种情况：

①使用该资产或资产组的经营活动产生的损益或者现金流连续发生亏损，又或者预计会发生连续亏损。

②由于资产或资产组的使用范围或方法导致该资产或资产组可回收金额大幅度降低或者预计将发生这种变化。

③针对使用资产或资产组的事业，当经营环境显著恶化或者预计将发生恶化。

④资产或资产组的市价下跌。

（3）资产减值损失的判定

在上述两步的基础之上，如果资产组的折现前预计未来现金流量总额低于账面价值的，即可确认资产减值损失。

（4）资产减值损失的计算

对于确认资产减值损失的资产组，应当将账面价值减记至可回收金额，而减记的金额作为资产减值损失处理。

※可回收金额以及使用价值

可回收金额，是指资产或资产组的可变现净值和使用价值中的较高者。使用价值，是指资产或资产组在持续使用过程中和最终处置时产生的预计未来现金流的现值。

◆ **要点**

关于资产减值，IFRS 和日本会计准则在减值的确认和计量、未来现金流量的估计、减值的转回中存在着明显的差异。

对于减值的确认和计算，IFRS 认可的方式是可回收金额（资产的公允价值减去处置费用后的净额与资产预计未来现金流的现值两者之间的较高者），在低于账面价值时计提资产减值损失时，需将之前提及的日本会计准则的 3 和 4 项同时进行。

对于未来现金流量的估计，IFRS 认可的方式是：①对资产剩余使用寿命进行估计；②最多预估 5 年；③对 5 年以上的预算，应使用固定或递减的增长率，即采用在短期预算的现金流的基础上进行延长的方式进行预估。

对于减值损失的转回，IFRS 规定如下：①对于在以前年度计提了减值准备的资产（除商誉之外），须在资产负债表日对该资产是否存在明显的迹象表明该资产能恢复其价值进行测试，如果有迹象表明资产能恢复其价值，可对资产的可回收金额进行计算，将资产账面价值转回至可回收金额；②对商誉的减值不得转回。而与此相对的是，日本会计准则对计提的固定资产减值准备则规定不可以进行转回处理。

对以摊余成本计量的金融资产确认减值损失后，如有客观证据表明该金融资产价值已恢复，且客观上与确认该损失后发生的事项有关，原确认的减值损失应当予以转回，计入当期损益。但是，该转回后的账面价值不应当超过不计提减值准备情况下该金融资产在转回日的摊余成本。

6. 准备金

准备金是相对于应收债权（应收账款、其他应收款、贷款）等能被回收的部分，而被认定为不能收回的部分，作为费用或者损失而预计的评估性准备金以及企业为承担有条件债务而设定的负债性准备金。

日本企业会计准则对计提准备金的条件有明确的规定。即在满足表3－7中所列的四个条件时将当期分摊的金额作为当期费用或损失而计提准备金。

表3－7 计提准备金的四个必要条件

①将来的特定费用或损失（准备金的设定对象应当是将来特定的支出或损失）
②其发生是由于当期以前的事项所造成（其原因是当期以前已发生的）
③发生的可能性很高
④金额可以合理地被估计

表3－8 准备金的主要种类

名称	种类	说明
坏账准备	评估性准备金	基于不能回收的债权的准备金
投资损失准备金	评估性准备金	基于关联公司等投资相关的损失的准备金
薪酬准备金	负债性准备金（因法律义务发生的准备金）	基于劳动合同薪酬的预计支付额，归属于当期承担部分的准备金
董事薪酬准备金	负债性准备金（因法律义务发生的准备金）	董事薪酬的预算金额中，归属于当期承担部分的准备金
退职准备金	负债性准备金（因法律义务发生的准备金）	未来需支付的退职金中属于当期承担部分的准备金
修理准备金	负债性准备金（非债务性质的准备金）	未来（1年内）为修缮而预备的准备金

在会计准则中，无论是负债性准备金还是非债务性质的准备金，在满足计提准备金的必要条件时，必须计提准备金。

◆ **要点**

IFRS中关于准备金的认定有如下条件：①过去事项的结果存在现时

（法律上或者推定的）义务；②为解决债务，很有可能导致企业经济利益的流出；③债务金额能够可靠计量。在实务中，修缮准备金由于不满足条件①，不是现时义务，因而不被认定为准备金。此外，对于准备金的测算方法和时间价值，日本会计准则和 IFRS 在认识上也有诸多的差异。

7. 金融商品的会计准则

金融资产指的是现金（含银行存款）、应收票据、应收账款及贷款的债权、股票和其他投资证券和公开债券等的有价证券以及期货交易、远期交易、期权交易、利率掉期以及其他类似交易（衍生交易）产生的债权。

金融负债指的是应付票据、应付账款、借款以及公司债券等的债务及衍生交易产生的债务。

金融商品会计中，为使金融商品的价值能够及时公正地反映在财务报表中，通常以公允价值进行计量。

持有目的和其他的有价证券相关的投资成果与计量方法如表 3 - 9 所示。

表 3 - 9　各类持有目的有价证券的投资成果和计量方法

持有目的	投资成果	计量方法
交易性有价证券	市价的变动	市价计量、差额计入损益
持有至到期的债权	持有至到期能得到利息和本金	取得成本（或者摊余成本）
子公司・关联公司股权	事业投资的利益	取得成本
其他有价证券	长期视点的转让	市价计量、计量差额不计入损益计入权益

市价指的是公允价值，基于市场中形成的交易价格、趋势或者指导其他行情的价格。没有市价的，以合理测定的价格作为公允价值。这里所指的市场，不仅包括公开交易所以及相类似的市场，还包括可以随时买卖、变现的交易系统等。

至于交易性有价证券以外的有价证券，如果其价值显著低于取得价值的，可进行减值处理并将评估差额计入利润表，同时价值下跌的金额应当计入资产负债表（交易性有价证券通常以市价计量，一般不作为减值的对象）。

存在市价的有价证券在市价显著下降时，应当做减值处理。市价是否显著下降是根据市价的下降率决定的，当市价分别下降到原价的<30%、30%~50%、>50%时，有着不同的处理方式，详见表3-10。

表3-10　　存在市价的有价证券是否需要减值处理

案　例	处　理
下降率<30%时	不需要进行减值处理
下降率30%~50%时	即使根据判断显著下降的，如果价值有可能回升的，不进行减值处理
下降率>50%时	没有回升可能性的，应当进行减值处理

这里所指的有回升可能性，是指资产的市值下降是由一时的因素所引起的，也就是说，资产负债表日后，大致1年以内市值可以回升到取得成本的情况。

而对于没有市价的股权，发行公司的财政状况恶化导致资产实质价值显著降低的，应当作减值处理。这种情况下实质价值的计算方法为每股净资产乘以持股数。

表3-11　　没有市价的股权是否需要减值处理

案　例	处　理
下降率<50%时	不需要减值处理
下降率>50%时	没有回升可能性的应当减值处理

衍生工具指的是金融派生商品。具体包括期货交易、远期交易、期权交易。衍生工具交易，以期末市价计量，差额计入当期损益。但是，满足套期会计条件的，适用套期会计，在确认为套期损益之前不计入损益，可将其评估差额进行递延处理。

◆ **要点**

IFRS和日本会计准则有着众多差异，其中重要一点就是对于公允价值定义的不同认识。为了合理地反映企业的实际情况，IFRS要求对资产的公允价值进行测量或披露，金融资产同样被要求以公允价值进行计量。并且，现行的IFRS关于“金融商品确认和计量”的规定中，公允价值被定义为“独立第三方之间交易的条件下，在有专业知识的独立的当事人之间，交换资产或者清偿负债的金额”。

而上述日本会计准则中对公允价值的定义，与现行的IFRS的定义基本意思相同。

8. 递延所得税会计（日语为“税效果会计”）

递延所得税会计是，对企业的收入与费用在“会计”与“税务”的确认在时点上存在的差异进行调整的会计手法。

企业会计的目的是“对企业的损益进行准确的计算，也就是说测定企业的业绩”，而税务会计的目的是“基于企业业绩公正纳税”，因此两者的目的差异导致确认时点有可能会产生差异。

企业会计利润	
利润表	
收入	×××
费用	×××
当期利润总额	×××
法人税、居民税和事业税	×××
当期净利润	×××

应纳税所得额（税务会计利润）	
附表4	
当期利润总额	×××
加计项目	
●●●	×××
●●●	×××
减计项目	
●●●	△ ×××
●●●	△ ×××
应纳税所得额	×××

图3－5　企业会计和税务会计的关系

简单而言，资产的“递延所得税资产”、“递延所得税负债”是通过税会差异的调增项目、调减项目乘以税率计算得到的。

递延所得税资产（主要是调增项目乘以税率得出），因为将来可以减少应交税金，作为资产予以确认。

递延所得税负债（主要是调减项目乘以税率得出），因为将来增加应交税金，作为负债予以确认。

表3－12　　递延所得税会计核算对象的税金

递延所得税会计核算对象	①法人税 ②住民税（均等比例额除外） ③以利润为纳税标准的事业税（所得比例）、地方法人特别税
非递延所得税会计核算对象	①住民税均等比例额 ②以收入为课税标准的事业税 ③外形标准课税的事业税（附加价值比例、资本比例） ④固定资产税 ⑤事业税、少申报漏申报加算税、重加算税

计算递延所得税资产、递延所得税负债时所使用的税率为法定适用税率。而法定适用税率的计算方法如下所示。

法定适用税率的计算方法：

$$\text{法定适用税率}=\frac{\text{法人税率}\times\left(1+\text{地方法人税率}+\text{居民税率}\right)+\left(\text{事业税超过税率}+\text{事业税标准税率}\times\text{地方法人特别税率}\right)}{1+\left(\text{事业税超过税率}+\text{事业税标准税率}\times\text{地方法人特别税率}\right)}$$

递延所得税资产是预估的暂时性资产，对于是否需要确认需进行慎重的判断，对于已经确认的递延所得税资产，也必须对其回收可能性进行探讨。为了判断资产有无回收可能性，要从递延所得税资产是否可以减少将来需支付的税金方面进行探讨。

表 3－13　　具体的递延所得税资产回收可能性判断方法

①未来年度应纳税所得额的充分性
②是否制定税收筹划
③应纳税暂时性差异的充分性

①未来年度应纳税所得额的充分性，是指如果企业将来没有预期收益，则不会产生应纳税所得额相对应的税金，也不会由于递延所得税资产的存在使得应交税金有所减少。所以对未来年度应纳税所得额的充分性进行探讨是十分有必要的。

②是否制定税收筹划，是指因存在税收筹划从而使得企业有可能变卖含有潜在收益的固定资产或有价证券，而当其潜在收益实现时就会产生相应的税金，因此当存在税收筹划时，会对递延所得税资产回收可能性的判断产生影响。

③应纳税暂时性差异，会增加将来税金支付，从而对是否需确认会导致将来少纳税的递延所得税资产的判断产生影响。

表 3－14　　递延所得税资产回收可能性探讨的流程

①	在期末制定可抵扣暂时性差异的转回计划※
②	在期末制定应纳税暂时性差异的转回计划※
③	可抵扣暂时性差异和应纳税暂时性差异的预计可转回金额在每一个预计转回年度内进行抵消
④	在③中无法完全抵消的可抵扣暂时性差异预计金额，在未来年度，与当年的应纳税所得额的预计金额（包含税收筹划所预计产生的应纳税所得额）相抵

※暂时性差异的转回计划是指对暂时性差异的转回时间进行预估。

如上所述，对于递延所得税资产回收可能性，包含很多预计的项目，其判断必须要慎重执行。另外，在实际工作中对企业未来获利能力进行客观判断较为困难，因此可以通过对企业过去业绩状况的了解、并对公司进行分类、预估将来应纳税所得额，进行递延所得税资产回收可能性的判断。

表 3 – 15　　公司分类和回收可能性的判断

分类	公司状况	回收可能性判断
①	每年的应纳税所得额大于期末可抵扣暂时性差异的公司	递延所得税资产全额均具有可回收性
②	虽然业绩稳定，但是不确定应纳税所得额大于可抵扣暂时性差异的公司等	根据暂时性差异的转回计划，已经确认了相应的递延所得税资产时，判断相关递延所得税资产具有可回收性
③	业绩不稳定，且不确定应纳税所得额超过可抵扣暂时性差异的公司等	以将来合理预计期间（约 5 年）内的预计应纳税所得额为限，根据在该期间内暂时性差异的转回计划，判断相关递延所得税资产有回收的可能性
④	存在重大可弥补亏损的公司等	原则上，基本能确定在下期能够产生应纳税所得额时，并且在此范围内，根据下期的暂时性差异的转回计划确认了递延所得税的情况下，判断相关递延所得税资产具有可回收性 但是（此重大可弥补亏损不是经常性的，而是特殊情况下发生的，并且除此亏损之外每年能正常产生应纳税所得额的公司） 以将来合理预计期间（约 5 年）内的预计应纳税所得额为限，并且根据下期的暂时性差异的转回计划确认了递延所得税的情况下，判断相关递延所得税资产具有可回收性
⑤	过去持续产生重大可弥补亏损的公司等	判断可抵扣暂时性差异以及可弥补亏损相关的递延所得税资产不具有可回收性

◆ **重点**

IFRS 中，对于递延所得税资产的可回收性，有如下的规定：即在将来很有可能产生足够的应纳税所得额用与抵扣暂时性差异的情况下，须将所有的可抵扣暂时性差异确认为递延所得税资产。并且，在将来很有可能产生足够的应纳税所得额用于弥补亏损的情况下，须计提递延所得税资产。

如上所述，对于日本会计准则与 IFRS 对于递延所得税资产的计提金额存在不同的计算方法，必须加以注意。特别是，在日本准则中，归类到③或④的企业，其递延所得税资产是在 5 年内预计产生的应纳税所得额范围内计提的，而 IFRS 中，则是在将来可能产生的可用于抵扣暂时性差异的应纳税所得额的范围内计提的，在进行这类判断时会产生差异。

而目前日本的会计准则，由于在向 IFRS 不断的趋同，因此对于对不同类型公司的递延所得税资产可回收性的探讨，有评论说需要进行修正。

第三节 日本对公司的会计和财务报告要求 Q&A

1. 什么是法律上所必需的事业记录?

日本法律要求每个公司（株式会社）保存会计账本（总账、明细账、日记账等）和重要的营业和财务记录 10 年。对于合同公司保存营业和财务记录的时间为 7 年。

2. 财务报表必须准备多少次?

要求每个会计年度准备 1 次。财政年度不超过一年。并且，根据日本金融商品交易法，对上市公司来说，除了要求准备会计年度的合并报表外，还要准备半年度和季度报表。从 2008 年 4 月以后，上市公司还被要求每季度披露经注册会计师或会计师事务所审计的财务报告。

3. 财务报表的内容包含什么?

公司法规定财务报表包括以下内容：

—资产负债表

—损益表

—股东权益等变动计算书

—财务报表附注

—事业报告书

—其他附表

上述财务报表必须按照日本会计准则，某些情况下按照外国会计准则的要求准备。

除此之外，上市公司还必须按照日本金融商品交易法的规定准备现金流量表。

4. 会计年度必须要求在同一天结束吗？

不要求。但对银行、保险公司和其他限制公司，按有关法律规定其财政年度。

5. 会计记录必须用哪种语言？

虽然没有法定规定，日语记账较为普遍。对于外国法人，可以采用英语记账。

6. 可以用外币单位记账吗？

不可以。必须用日元记账。

7. 对财务报表可以用外币单位表示吗？

不可以。根据法定规定，财务报表必须由日元表示。

8. 会计记录可以记录在计算机里吗？

可以，须得到税务署的允许。

9. 日本企业都必须接受法定审计吗？

不是。基于日本不同法律要求，必须接受法定审计的企业类型如下：强制接受公司法审计的企业限定为资本金 5 亿日元以上或者负债 200 亿日元以上的株式会社。强制接受日本金融商品交易法审计的企业限定为上市企业以及在日本证券业协会登记股票的公司。除此之外，还有劳动工会法定审计以及学校法人审计等特殊企事业单位需要接受所属行业的特定要求法定审计。

从 2015 年起采用 IFRS：

日本企业会计基准委员会同国际会计标准委员会共同在 2007 年发布了“东京协定”以完成在 2011 年前对会计基准的整合。

另外，日本金融厅在 2009 年宣布在 2012 年作出决定的上市公司必须从 2015 年或 2016 年起采用 IFRS。对于以 2010 年 3 月为会计年度截止日的上市公司，可以自愿选择是否采用 IFRS。

根据日本证券交易所的最新统计信息[①]，截至 2016 年 5 月，日本上市公司中已经采用 IFRS 准则的有 74 家，已经披露决定要采用 IFRS 准则的有 39 家。

10. 日本会计准则同国际会计准则的主要差异？

尽管根据欧洲委员会证券监管机构在 2008 年的评估，日本会计准则同国际会计准则基本相同；但还是存在着一些不同，在表 3－16 中，我们列举了一些主要的差异。

表 3－16　日本会计准则与国际会计准则（IFRS）之间的差异

项　目	日本会计准则	国际会计准则
收入确认	通常，收入的确认应基于“实际发生”原则。“实际发生”原则包括两个概念，货物确实已销售、劳务确实已提供以及款项确实已收到	销售货物有 5 个确认条件（风险和报酬已转移，失去控制等），提供劳务有 4 个确认条件
	没有特别规定针对劳务收入	提供劳务在劳务完成时确认收入
	无总流入或者代理/委托的概念	收入为该期间经济利益的总流入。在委托关系中，代委托人收取的金额不是收入，收入应为实际收取的佣金
	无多步骤确认收入的概念	在一定情况下，需要对于同一交易的可确认部分单独确认收入

① http：//www.jpx.co.jp/listing/stocks/ifrs/

续表

项 目	日本会计准则	国际会计准则
职工福利	在确认特定职工福利负债时，通常采用预期给付义务法；然而当公司员工人数少于 300 人时，则可以采用累计给付义务法	只允许使用预测债务法，没有例外
	带薪休假不得作为预提负债	带薪休假的准备金可以被认可
固定资产	日本规定固定资产在取得当月即开始计提折旧	IFRS 及中国规定固定资产在取得次月才开始计提折旧
	借款费用不得资本化。即当产生股票发行成本和借款的交易成本时须将此成本进行费用化处理	IFRS 特定资产取得或建设过程中发生的借款费用需要被资本化 中国企业会计准则规定股票发行成本从所有者权益中扣除。借款的交易成本则从借款的公允价值中扣除并进行摊销
租赁分类	对于融资租赁有特别的条件： • 租赁支付总额的现值需要占预计资产购买价款的 90% 或以上； • 租赁期限占相关资产使用期限的 75% 或以上	交易实质重于合同形式
	无免费租赁的相关条款	经营租赁的费用在租赁期间内均匀计入
无形资产	商誉在 20 年内进行摊销	商誉不可以摊销但可以提减值
	研发费用按实费用化	开发成本计入无形资产成本
减值	根据未折现的现金流进行减值测试，所有固定资产的减值损失不得转回	IFRS 允许固定资产减值损失转回 中国的企业会计准则，虽然和日本准则一样计提的减值损失不能转回，但是其减值测试却是根据折现现金流进行
长期股权投资	成本法	权益法或成本法

续表

项　目	日本会计准则	国际会计准则
对冲会计法	对于利率掉期产品，满足一定的条件下可以不按市场价格确认	无相关规定
外汇	没有对记账本位币的明确定义 通常只使用日元进行披露，而外国公司多采用双币种披露	记账本位币必须明确
合并报表	非实质性子公司不需要放入合并报表	合并财务报表需包括所有子公司
	只要在年后披露重大交易，子公司期末合并报表中会计期间可以被允许存在3个月的差异	除非无法实施，合并财务报表会计期间应一致
持有待售的非流动资产及非持续经营活动	对于非持续经营活动没有特别的规定	非流动资产（或处置资产组）需要被确认为持有待售，如其账面价值成本是通过出售而非持续使用来收回
税务会计 （在某些情况下）	决定折旧方法及使用期限	不适用
	采用开票基准而非预估基准，如免费租赁、返还等	不适用

第四节 日本财务报表样本（含中文翻译）介绍

表 3－17　　貸借対照表　　単位：円

	前事業年度（平成 年 月 日）	当事業年度（平成 年 月 日）		前事業年度（平成 年 月 日）	当事業年度（平成 年 月 日）
資産の部			負債の部		
流動資産			流動負債		
現金及び預金	×××	×××	支払手形	×××	×××
受取手形	×××	×××	買掛金	×××	×××
売掛金	×××	×××	短期借入金	×××	×××
有価証券	×××	×××	リース債務	×××	×××
商品及び製品	×××	×××	未払金	×××	×××
仕掛品	×××	×××	未払費用	×××	×××
原材料及び貯蔵品	×××	×××	未払法人税等	×××	×××
前払費用	×××	×××	前受金	×××	×××
繰延税金資産	×××	×××	預り金	×××	×××
その他	×××	×××	前受収益	×××	×××
貸倒引当金	△×××	△×××	××引当金	×××	×××
			その他	×××	×××
流動資産合計	×××	×××	流動負債合計	×××	×××
固定資産			固定負債		
有形固定資産			社債	×××	×××

续表

	前事業年度（平成 年 月 日）	当事業年度（平成 年 月 日）		前事業年度（平成 年 月 日）	当事業年度（平成 年 月 日）
建物	×××	×××	長期借入金	×××	×××
構築物	×××	×××	リース債務	×××	×××
機械及び装置	×××	×××	××引当金	×××	×××
車両運搬具	×××	×××	その他	×××	×××
工具、器具及び備品	×××	×××	固定負債合計	×××	×××
土地	×××	×××	負債合計	×××	×××
リース資産	×××	×××	純資産の部		
建設仮勘定	×××	×××	株主資本		
その他	×××	×××	資本金	×××	×××
有形固定資産合計	×××	×××	資本剰余金		
無形固定資産			資本準備金	×××	×××
ソフトウェア	×××	×××	その他資本剰余金	×××	×××
リース資産	×××	×××	資本剰余金合計	×××	×××
のれん	×××	×××	利益剰余金		
その他	×××	×××	利益準備金	×××	×××
無形固定資産合計	×××	×××	その他利益剰余金		
投資その他の資産			××積立金	×××	×××
投資有価証券	×××	×××	繰越利益剰余金	×××	×××
関係会社株式	×××	×××	利益剰余金合計	×××	×××
長期貸付金	×××	×××	自己株式	△×××	△×××
繰延税金資産	×××	×××	株主資本合計	×××	×××
その他	×××	×××	評価・換算差額等		
貸倒引当金	△×××	△×××	その他有価証券評価差額金	×××	×××
投資その他の資産合計	×××	×××	繰延ヘッジ損益	×××	×××
固定資産合計	×××	×××	土地再評価差額金	×××	×××
繰延資産			評価・換算差額等合計	×××	×××
社債発行費	×××	×××	新株予約権	×××	×××
繰延資産合計	×××	×××	純資産合計	×××	×××
資産合計	×××	×××	負債純資産合計	×××	×××

表 3－18　　损益計算書　　単位：円

	前事業年度 （自 平成 年 月 日 至 平成 年 月 日）	当事業年度 （自 平成 年 月 日 至 平成 年 月 日）
売上高	×××	×××
売上原価	×××	×××
売上総利益（又は売上総損失）	×××	×××
販売費及び一般管理費	×××	×××
営業利益（又は営業損失）	×××	×××
営業外収益		
受取利息及び受取配当金	×××	×××
その他	×××	×××
営業外収益合計	×××	×××
営業外費用		
支払利息	×××	×××
その他	×××	×××
営業外費用合計	×××	×××
経常利益（又は経常損失）	×××	×××
特別利益		
固定資産売却益	×××	×××
その他	×××	×××
特別利益合計	×××	×××
特別損失		
固定資産売却損	×××	×××
減損損失	×××	×××
その他	×××	×××
特別損失合計	×××	×××
税引前当期純利益（又は税引前当期純損失）	×××	×××
法人税、住民税及び事業税	×××	×××
法人税等調整額	×××	×××
法人税等合計	×××	×××
当期純利益（又は当期純損失）	×××	×××

表 3－19

株主資本等変動計算書

前事業年度（自　平成　年　月　日　　至　平成　年　月　日）

単位：円

	株主資本										評価・換算差額等					
		資本剰余金			利益剰余金											
						その他利益剰余金										
	資本金	資本準備金	その他資本剰余金	資本剰余金合計	利益準備金	××積立金	繰越利益剰余金	利益剰余金合計	自己株式	株主資本合計	その他有価証券評価差額金	繰延ヘッジ損益	土地再評価差額金	評価・換算差額等合計	新株予約権	純資産合計
当期首残高	×××	×××	×××	×××	×××	×××	×××	×××	△×××	×××	×××	×××	×××	×××	×××	×××
当期変動額																
新株の発行	×××	×××		×××						×××						×××
剰余金の配当					×××		△×××	△×××		△×××						△×××
当期純利益							×××	×××		×××						×××
自己株式の処分									×××	×××						×××
……																×××
株主資本以外の項目の当期変動額（純額）											×××	×××	×××	×××	×××	×××
当期変動額合計	×××	×××	—	×××	×××	—	×××	×××	×××	×××	×××	×××	×××	×××	×××	×××
当期末残高	×××	×××	×××	×××	×××	×××	×××	×××	×××	×××	×××	×××	×××	×××	×××	×××

表 3－20　キャッシュ・フロー計算書　単位：円

	前事業年度 （自 平成 年 月 日 至 平成 年 月 日）	当事業年度 （自 平成 年 月 日 至 平成 年 月 日）
営業活動によるキャッシュ・フロー		
税引前当期純利益（又は税引前当期純損失）	×××	×××
減価償却費	×××	×××
減損損失	×××	×××
貸倒引当金の増減額（△は減少）	×××	×××
受取利息及び受取配当金	△×××	△×××
支払利息	×××	×××
為替差損益（△は益）	×××	×××
有形固定資産売却損益（△は益）	×××	×××
損害賠償損失	×××	×××
売上債権の増減額（△は増加）	×××	×××
たな卸資産の増減額（△は増加）	×××	×××
仕入債務の増減額（△は減少）	×××	×××
…………	×××	×××
小計	×××	×××
利息及び配当金の受取額	×××	×××
利息の支払額	△×××	△×××
損害賠償金の支払額	△×××	△×××
…………	×××	×××
法人税等の支払額	△×××	△×××
営業活動によるキャッシュ・フロー	×××	×××
投資活動によるキャッシュ・フロー		
有価証券の取得による支出	△×××	△×××
有価証券の売却による収入	×××	×××
有形固定資産の取得による支出	△×××	△×××
有形固定資産の売却による収入	×××	×××

续表

	前事業年度 （自 平成 年 月 日 至 平成 年 月 日）	当事業年度 （自 平成 年 月 日 至 平成 年 月 日）
投資有価証券の取得による支出	△×××	△×××
投資有価証券の売却による収入	×××	×××
貸付金による支出	△×××	△×××
貸付金の回収による収入	×××	×××
…………	×××	×××
投資活動によるキャッシュ・フロー	×××	×××
財務活動によるキャッシュ・フロー		
短期借入れによる収入	×××	×××
短期借入金の返済による支出	△×××	△×××
長期借入れによる収入	×××	×××
長期借入金の返済による支出	△×××	△×××
社債の発行による収入	×××	×××
社債の償還による支出	△×××	△×××
株式の発行による収入	×××	×××
自己株式の取得による支出	△×××	△×××
配当金の支払額	△×××	△×××
…………	×××	×××
財務活動によるキャッシュ・フロー	×××	×××
現金及び現金同等物に係る換算差額	×××	×××
現金及び現金同等物の増減額（△は減少）	×××	×××
現金及び現金同等物の期首残高	×××	×××
現金及び現金同等物の期末残高	×××	×××

以下为中文翻译版：

表 3 - 21　　资产负债表　　单位：日元

	期初余额（平成 年 月 日）	期末余额（平成 年 月 日）		期初余额（平成 年 月 日）	期末余额（平成 年 月 日）
资产			负债		
流动资产：			流动负债：		
货币资金	×××	×××	应付票据	×××	×××
应收票据	×××	×××	应付账款	×××	×××
应收账款	×××	×××	短期借款	×××	×××
金融资产	×××	×××	租赁债务	×××	×××
存货	×××	×××	其他应付款	×××	×××
在产品	×××	×××	应付费用	×××	×××
原材料	×××	×××	应付所得税等	×××	×××
预付款项	×××	×××	预收款项	×××	×××
递延所得税资产	×××	×××	保证金	×××	×××
其他	×××	×××	预收收益	×××	×××
坏账准备	△×××	△×××	××准备金	×××	×××
			其他	×××	×××
流动资产合计	×××	×××	流动负债合计	×××	×××
固定资产：			固定负债：		
有形固定资产			公司债务	×××	×××
建筑物	×××	×××	长期借款	×××	×××
构筑物	×××	×××	租赁债务	×××	×××
机械及装置	×××	×××	××准备金	×××	×××
车辆	×××	×××	其他	×××	×××
工具、器械及备用品	×××	×××	固定负债合计	×××	×××
土地	×××	×××	负债合计	×××	×××
租赁资产	×××	×××	净资产		
在建工程	×××	×××	所有者权益		
其他	×××	×××	实收资本	×××	×××
有形固定资产合计	×××	×××	资本剩余金		
无形固定资产			资本公积	×××	×××
软件	×××	×××	其他资本公积	×××	×××
租赁资产	×××	×××	资本剩余金合计		

续表

	期初余额（平成 年 月 日）	期末余额（平成 年 月 日）		期初余额（平成 年 月 日）	期末余额（平成 年 月 日）
商誉	×××	×××	利润剩余金		
其他	×××	×××	盈余公积	×××	×××
无形固定资产合计	×××	×××	其他利润剩余金		
其他投资性资产			××公积	×××	×××
投资性有价证券	×××	×××	递延收益剩余金	×××	×××
关联公司股份	×××	×××	利润剩余金合计	×××	×××
长期贷款	×××	×××	库存股	△×××	△×××
递延所得税资产	×××	×××	所有者权益合计	×××	×××
其他	×××	×××	评估・外币折算差额等		
坏账准备	△×××	△×××	其他有价证券评估差额	×××	×××
其他投资性资产合计	×××	×××	递延套期损益	×××	×××
固定资产合计	×××	×××	土地再评估差额	×××	×××
递延资产			评估・外币折算差额等合计	×××	×××
公司债券发行费	×××	×××	新股认购权	×××	×××
递延资产合计	×××	×××	净资产合计	×××	×××
资产合计	×××	×××	负债净资产合计	×××	×××

表 3－22 利 润 表 单位：日元

	期初余额 （自 平成 年 月 日 至 平成 年 月 日）	期末余额 （自 平成 年 月 日 至 平成 年 月 日）
营业收入	×××	×××
营业成本	×××	×××
营业总利润（或营业总亏损）	×××	×××
销售费用和管理费用	×××	×××
经营收入（或经营亏损）	×××	×××
营业外收入		
应收利息和应收股利	×××	×××
其他	×××	×××
营业外收入合计	×××	×××
营业外支出		
应付利息	×××	×××
其他	×××	×××
营业外支出合计	×××	×××
营业利润（或营业亏损）	×××	×××
特别利润		
固定资产处置净收益	×××	×××
其他	×××	×××
特别利润合计	×××	×××
特别亏损		
固定资产处置净亏损	×××	×××
减值损失	×××	×××
其他	×××	×××
特别亏损合计	×××	×××
利润总额（或亏损总额）	×××	×××
企业所得税、居民税及事业税	×××	×××
企业所得税等调整额	×××	×××
企业所得税等合计	×××	×××
净利润（或净亏损）	×××	×××

表 3－23

所有者权益变动表

会计年度（自　平成　年　月　日至　平成　年　月　日）　　单位：日元

	所有者权益										评估·外币折算差额等					
		资本剩余金			利润剩余金											
						其他利润剩余金										
	实收资本	资本公积	其他资本公积	资本剩余金合计	盈余公积	××公积	递延收益剩余金	利润剩余金合计	库存股	所有者权益合计	其他有价证券评估差额	递延套期损益	土地再评估差额	评估·外币折算差额合计	新股认购权	净资产合计
本期期初余额	×××	×××	×××	×××	×××	×××	×××	×××	△×××	×××	×××	×××	×××	×××	×××	×××
本期变动金额																
新股发行	×××	×××		×××						×××						×××
剩余金分摊					×××		△×××	△×××		△×××						△×××
本期净利润							×××	×××		×××						×××
库存股处置									×××	×××						×××
……																×××
所有者权益以外的其他项目当期变动金额（净额）											×××	×××	×××	×××	×××	×××
本期变动金额合计	×××	×××	—	×××	×××	—	×××	×××	×××	×××	×××	×××	×××	×××	×××	×××
本期期末余额	×××	×××	×××	×××	×××	×××	×××	×××	×××	×××	×××	×××	×××	×××	×××	×××

表 3－24　　现 金 流 量 表　　单位：日元

	期初余额（自 平成 年 月 日 至 平成 年 月 日）	期末余额（自 平成 年 月 日 至 平成 年 月 日）
经营活动产生的现金流量		
利润总额（或亏损总额）	×××	×××
折旧或摊销	×××	×××
减值损失	×××	×××
坏账准备的增减额（△为减少）	×××	×××
应收利息和应收股利	△×××	△×××
应付利息	×××	×××
汇兑损益（△为收益）	×××	×××
有形固定资产处置损益（△为收益）	×××	×××
损害赔偿损失	×××	×××
营业债权的增减额（△为增加）	×××	×××
库存增减额（△为增加）	×××	×××
采购债务的增减额（△为减少）	×××	×××
……	×××	×××
小计	×××	×××
支付的利息及股利	×××	×××
支付的利息	△×××	△×××
支付的损害赔偿	△×××	△×××
……	×××	×××
支付的企业所得税等	△×××	△×××
经营活动产生的现金流量净额	×××	×××
投资活动产生的现金流量		
取得有价证券的现金支出	△×××	△×××
出售有价证券的现金收入	×××	×××
取得有形固定资产的现金支出	△×××	△×××
出售有形固定资产的现金收入	×××	×××

续表

	期初余额（自 平成 年 月 日 至 平成 年 月 日）	期末余额（自 平成 年 月 日 至 平成 年 月 日）
取得投资性有价证券的现金支出	△×××	△×××
出售投资性有价证券的现金收入	×××	×××
贷出资金的现金支出	△×××	△×××
回收贷出资金的现金收入	×××	×××
……	×××	×××
投资活动产生的现金流量净额	×××	×××
筹资活动产生的现金流量		
短期借款的现金收入	×××	×××
偿还短期借款的现金支出	△×××	△×××
长期借款的现金收入	×××	×××
偿还长期借款的现金支出	△×××	△×××
发行公司债券的现金收入	×××	×××
偿还公司债券的现金支出	△×××	△×××
发行股份的现金收入	×××	×××
回购股份的现金支出	△×××	△×××
支付股利的现金	△×××	△×××
……	×××	×××
筹资活动产生的现金流量净额	×××	×××
现金及现金等价物的换算差额	×××	×××
现金及现金等价物的增减额（△为减少）	×××	×××
现金及现金等价物的期初余额	×××	×××
现金及现金等价物的期末余额	×××	×××

日本商务礼仪　小贴士

交换名片

在商务会面时，一开始双方交换名片。首先，基本上名片由地位较低的一方向地位高的一方递出。名片的交换方式是，将从名片夹中取出的名片，从面对自己的方向（先是以自己能阅读的方向拿着）按每次 90 度的方式旋转 2 次，以面对对方的递交方式递给对方视为正式的礼节。

名片通过双手递出，在收到时说“我收下了”并用双手接受。在没有带名片的情况下，应当在收到对方名片时向对方表明缘由。收到的名片不能立刻收起，而是在与对方会面中，放在桌子上。若对方是一人以上的情况下，按照座位的顺序，将名片并排放，与对方的脸和姓名保持一致，最后将收到的名片放入包中。

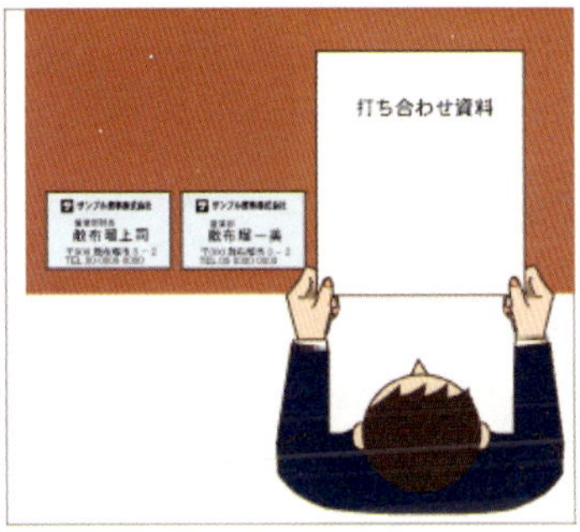

第四章 日本的基本税务制度

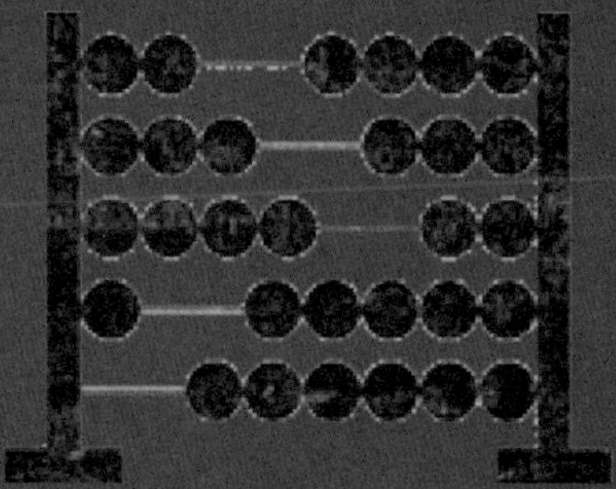

第一节
日本税制概括

从日本的税收制度的历史沿革来看，日本的税收制度是根据不同时期复杂的政治、经济、社会等因素逐渐构筑而成。现代日本的税收立法权统一在国会，各种税法都要经国会批准，主要税种管理权集中在中央（一些地方税的解释权或减免权归地方政府）。日本实行的是中央地方兼顾型税制，主要分为国税和地方税（包括都道府县税和市町村税）。图4－1中列示了中央财政收入中各项目的具体情况。

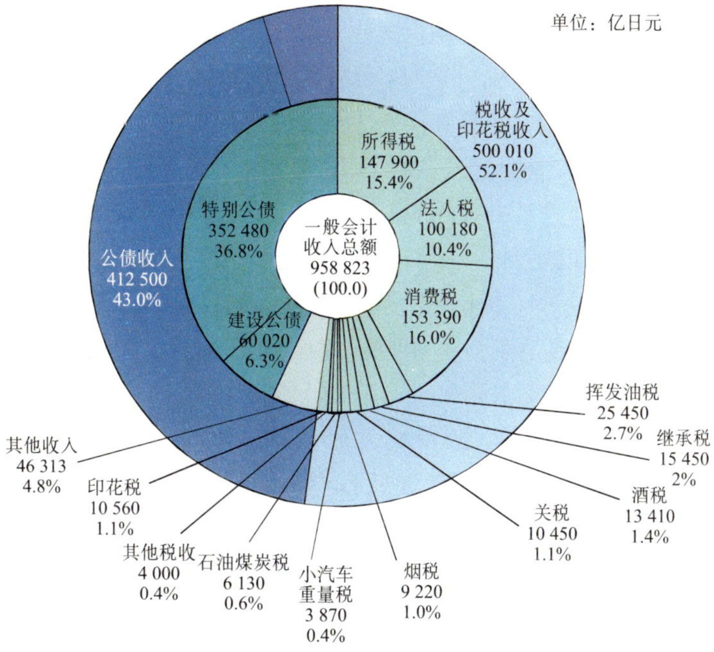

（注）对相关数值四舍五入，可能出现各数值加总后与总额不一致的情况。

图4－1　日本财政收入构成图

1. 日本税法的分类

（1）国税和地方税

税收根据课税主体的不同，可以分为由国家征收的国税和由地方公共团体征收的地方税。其中，地方税又可以分为道府县税和市町村税。一般来说，国税与地方税属于两个相互独立的体系，但同时，也存在像所得税这样在国家和地方层面对同一税基征税的情况。具体来说，在所得税方面，除了要对个人所得在国家层面征收所得税，还要在道府县层面对同一所得征收道府县民税，在市町村层面对同一所得征收市町村民税。因此，国税与地方税间也有对同一课税对象重复征税的情况。

（2）国内税和关税

广义的国税可以分为国内税和关税。关税是指对从国外进口的货物在进口环节征收的税，国内税是指以国内的人或物为课税对象征收的税。

需要注意的是，国内消费税（酒税等）也会在进口环节对从国外进口的货物征税，但国内消费税不属于关税，属于国内税。

（3）直接税和间接税

所谓直接税，是指税收的纳税义务人同时也是税收的实际负担人的一类税。所谓间接税，是指纳税义务人与税收的实际负担人不一致的一类税。最典型的直接税是所得税，比较有代表性的间接税有消费税、酒税等。

直接税与间接税最明显的区别在于税负是否转嫁。以对生产厂商征税为例进行说明。对于生产厂商征收的税会随着产品的流通，以提高产品价格的方式在生产厂商与批发商、批发商与零售商、零售商与消费者之间依次转移，财政学者们将这种“税收从生产厂商转移到批发商、从批发商转移到零售商、从零售商转移到消费者”的现象称为“税负转嫁”。税负转嫁的结果是，对生产厂商征收的税最终由消费者负担，即消费者成为税收的最终负担者。

（4）收益税、财产税、消费税、流转税

对实际发生的所得征收的税是收益税，也可以称为所得课税。国税中的所得税、法人税以及地方税中的住民税、事业税等都属于这类税。财产税是以纳税人拥有的财产（包括取得的财产）为基础征税的一种税，如国税中的继承税、地价税以及地方税中的固定资产税等。消费税和流转税的准确说法应该是消费课税和流转课税。这两类税的性质非常相似，要严格区分并不容易。考虑到服务领域中的劳务本身无法流转，可以确定提供劳务属于消费课税。另外，酒税、烟税、消费、地方消费税、高尔夫球场使用税等，也明确属于消费课税。

（5）普通税与目的税

政府为了筹集活动所需的一般经费，不限定税收的具体用途而从国民经济中征收的税称为普通税；政府为了筹集特定用途资金而征收的税称为目的税。在日本的现行税收体系中，国税中的以促进发电设备开发为目的征收的电力开发促进税，以及地方税中的城市规划税都属于目的税的范畴。

（6）从量税与从价税

以课税对象的重量、个数、体积等为计税依据征收的税被称为从量税，以课税对象的价格为计税依据征收的税被称为从价税。从价税的税率一般以百分比的形式列示，代表性的从价税有按销售价格的8%征收的消费税（含地方消费税的1.7%）等。由于从量税受市价、交易条件等影响较小，税收收入相对稳定。因此，间接税中多采用从量税。

2. 日本现行税收体系

日本的税收体系结合国税和地方税为出发点来考虑时，首先以所得税（包含法人税）为基础，加上继承税、赠与税等的财产税，酒税、消费税、挥发油税等的一般统称为消费税，印花税、注册许可税等的流转税的分类，再加上归属于地方税的居民税、事业税、固定资产税等组成，详见表4－1。

表4－1　日本现行税收体系

	征税形态	普通税、目的税的区别等	税收分类	税　种
国税		普通税	收益税	所得税、法人税、地方法人特别税（地方让与税）、地方法人税（地方交付税）①
			财产税	继承税、赠与税、地价税、汽车重量税（部分地方让与税）
			（一般统称）消费税	酒税、消费税、挥发油税、石油天然气税（部分地方让与税）、航空机燃料税（部分地方让与税）、石油煤炭税、烟税、烟特别税、关税、地方挥发油税（地方让与税）

① 在2014年税法改制时设立的税种（适用于2014年10月1日以后开始的会计年度）。

续表

		征税形态	普通税、目的税的区别等	税收分类	税种
国税			目的税		电源开发促进税、复兴特别所得税、复兴特别法人税①
			普通税	流转税	注册许可税、印花税、吨税、特别吨税（地方让与税）
地方税	都道府县税	直接征税形态（都道府县直接征税）	普通税	收益税	都道府县税、事业税、非法定普通税
				财产税	固定资产税（大规模固定资产税）、汽车税、矿区税、非法定普通税
				（一般统称）消费税	都道府县烟税、高尔夫球场使用税、地方消费税、非法定普通税、轻油交易税
				流转税	不动产取得税、汽车取得税、非法定普通税
			目的税		水利地益税、狩猎税、非法定普通税
		间接征税形态（国家征税后再转给都道府县）	交付税		所得税、法人税、消费税、酒税、烟税 }一部分
			让与税		地方挥发油税的一部分、石油天然气税的一部分、航空机燃料税的一部分、地方法人税特别让与税
	市町村税	直接征税形态（市町村直接征税）	普通税	收益税	市町村民税、矿产税、非法定普通税
				财产税	固定资产税、微型汽车税、特别土地持有税、非法定普通税
				（一般统称）消费税	市町村烟税、非法定普通税
				流转税	非法定普通税
			目的税		水利地益税、共同设施税、国民健康保险税、城市规划税、入浴税、住宅区开发税、事业所税、非法定普通税
		间接征税形态（国家征税后再转给市町村）	交付税		所得税、法人税、消费税、酒税、烟税 }一部分
			让与税		地方挥发油税的一部分、石油天然气税的一部分、汽车重量税的一部分、特别吨税、航空机燃料税的一部分

来源：税务大学校.《税法入门》. 平成27年版

① 在2014年税法改制时，缩短纳税指定期限1年后截止到2014年3月。

第二节
所 得 税

1. 所得税概要

所得税与法人税、消费税同样，是税制体系的核心也是国家的主要税收来源之一，同时也与法人税并列为直接征税的典型税种。所得税主要针对个人和企业的所得进行征税。所得税考虑到“税负公平”主要有以下四个方面的特点。

（1）所得税法根据纳税人取得的所得的性质内容区分为工资薪金所得、不动产所得、股息红利所得、离职所得等10种所得。

表4－2　　所得税法的10大类所得

①利息所得	②股息红利所得	③不动产所得	④经营所得	⑤工资薪金所得
⑥离职所得	⑦山林所得	⑧财产转让所得	⑨偶然所得	⑩其他所得

日本主要采用综合课税制度，但对一部分特殊情况也同时采用分类征税制度，同时，在一定范围内还可以将一部分所得的亏损和另一部分所得的盈利进行抵消（日语为“损益通算”）。综合课税简单来说就是，将所得进行加总后乘以一定税率进行综合课税。

（2）适用七级超额累进税率。即把征税对象的数额划分为若干等级，对每个等级部分的数额分别规定相应税率，分别计算税额，各级税额之和为应纳税额。超额累进税率的“超”字，是指征税对象数额超过某一等级时，仅就超过部分，按高一级税率计算征税。

（3）考虑家庭构成情况。日本所得税法不是以个人为一个征税单位，而是以一个家庭为单位，因此所得税法考虑家庭生活的开支费用，允许个人所得中一定金额可以从征税对象里进行扣除。例如配偶扣除、配偶特殊扣除、抚养扣除以及基础扣除等（所法83、83之2、84、86，详见附录2，下同）。

（4）考虑个人具体情况。所得税法采取了即使是同样的所得额，但根据每个人所处的情况不同而给于相应的减轻税负的措施。如其他损失扣除（日语为“杂损扣除”）、医疗费扣除、残疾人扣除、丧偶扣除以及勤劳学生扣除等（所法 72、73、79、81、82）。

中日对比——异同点

日本的所得税类似于我国的个人所得税，都是对个人所得为主征收的一种税。同时，考虑到税负的公平性，两国在征收所得税时都对一部分所得适用累进税率，即个人的所得越高，征税的金额也越大。但中日之间的个人所得税至少在以下几个方面存在差异：第一，日本的所得税主要采用综合课税制度，除个别所得外，要求将所有所得合并起来一同征收所得税。相比之下，我国的个人所得税主要采用分类课税制度，要求将不同类别的所得分别计算、分别纳税。第二，日本的所得税是以家庭为单位进行申报，而我国的个人所得税主要以个人为单位进行申报。第三，日本所得税的扣除项目较多，除基础扣除外，根据家庭状况及家庭中各成员的情况等不同，扣除的项目与金额也不同。而我国的个人所得税在扣除方面没有考虑纳税人的家庭状况等因素，统一适用同一扣除标准，对超过基础扣除的部分征收个人所得税。

2. 纳税义务人和应纳税所得额的范围

（1）纳税义务人

所得税法的纳税义务人原则上是个人，并根据居住情况分为居民和非居民，分别承担不同的纳税义务。另外法人也会根据利息、股息、红利等所得成为所得税法的纳税义务人。法人对于其接受的利息、股息、红利等所得，在支付人进行支付时具有对该部分所得进行源泉征收的义务。因此，法人缴纳的所得税指的是源泉征收所得税（所法 5③④）。

（2）应纳税所得额的范围

纳税义务人的应纳税所得额的范围如表 4－4 所示。从表中可以看出，即使是非居民，只要发生了国内源泉所得，在日本即会产生纳税义务。例如，在日本拥有不动产的非居民，通过不动产租赁取得收入时，原则上在日本取得了国内源泉所得，应在日本进行申报纳税。

表 4－3　　纳税义务人的区分

<table>
<tr><th colspan="3">纳税义务人</th><th>定义</th></tr>
<tr><td rowspan="4">个人</td><td rowspan="2">居民</td><td>非永住者以外的居民</td><td>国内有住所或者截止到现在持续 1 年以上的住所的个人（不包括非永住者）</td></tr>
<tr><td>非永住者</td><td>居民中没有日本国籍且在过去 10 年内在国内有住所或居所的期间合计在 5 年以下的个人</td></tr>
<tr><td colspan="2">非居民</td><td>居民以外的个人</td></tr>
<tr><td colspan="2"></td><td></td></tr>
<tr><td rowspan="2">法人</td><td colspan="2">国内法人</td><td>国内有总部或者主要管理机构的法人</td></tr>
<tr><td colspan="2">国外法人</td><td>国内法人以外的法人</td></tr>
<tr><td colspan="3">无人格社团等</td><td>不是法人的社团或者财团，有确定代表或者管理人</td></tr>
</table>

表 4－4　　个人的应纳税所得额的范围

<table>
<tr><th>纳税义务人</th><th colspan="2">应纳税所得的范围</th></tr>
<tr><td>非永住者以外的居民</td><td>国内源泉所得</td><td>国外源泉所得</td></tr>
<tr><td>非永住者</td><td>国内源泉所得</td><td>国外源泉所得（国内支付或向国内汇款的部分）※</td></tr>
<tr><td>非居民</td><td colspan="2">国内源泉所得</td></tr>
</table>

※不包含国外源泉所得里的非课税部分。

（3）个人的课税方法

个人纳税义务人的课税方法主要分为综合课税和分类课税两种，具体区分如表 4－5。

表 4－5　　个人纳税义务人的课税方法

<table>
<tr><th colspan="3">区分</th><th colspan="2">课税方法</th></tr>
<tr><td rowspan="4">个人</td><td rowspan="2">居民</td><td>非永住者以外的居民</td><td colspan="2" rowspan="2">综合课税（申报纳税方式）</td></tr>
<tr><td>非永住者</td></tr>
<tr><td colspan="2" rowspan="2">非居民</td><td>原则</td><td>通常根据 15% 或 20% 等的源泉分类课税</td></tr>
<tr><td>例外</td><td>综合课税（申报纳税方式）</td></tr>
</table>

（4）非居民的课税方法

非居民的课税范围仅限于国内源泉所得。其课税方法根据非居民的状况区分为：①国内有常设机构（所法 164①一～三）和②国内没有常设机构（所法 164①四）；再根据“综合课税部分的所得税法（所法 164①、165）”和“分类课税部分的所得税法（164②、169、170）”进行征税。

表 4－6　　　　非居民的课税关系概要图

<table>
<tr><th rowspan="2">非居民的区分（所法164①）
所得的种类（所法161）</th><th colspan="3">国内有常设机构的非居民</th><th rowspan="2">国内没有常设机构的非居民（所法164①四）</th><th rowspan="2">源泉征收（所法212①、213①）</th></tr>
<tr><th>有分公司或其他进行经营场所的（所法164①一）</th><th colspan="2">进行超过1年的建筑工程等或具备一定条件的代理人等（所法164①二、三）</th></tr>
<tr><td>经营所得（所法161一）</td><td rowspan="3">综合课税
（所法164①一）</td><td colspan="2" rowspan="3">（所法164①二、三）</td><td>非课税</td><td rowspan="3">无
无
无</td></tr>
<tr><td>资产所得（所法161一）</td><td rowspan="2">综合课税
（所法164①四）</td></tr>
<tr><td>其他国内源泉所得（所法161一）</td></tr>
<tr><td>团体合同业务的利润分配（所法161一之二）</td><td rowspan="4">源泉征收后综合课税
（所法164①一）</td><td colspan="2" rowspan="4">（所法164①二、三）</td><td>非课税</td><td>20.42%</td></tr>
<tr><td>土地等的转让对价（所法161一之三）</td><td rowspan="3">（所法164①四）</td><td>10.21%</td></tr>
<tr><td>提供劳务的对价（所法161二）</td><td>20.42%</td></tr>
<tr><td>不动产的租金等（所法161三）</td><td>20.42%</td></tr>
<tr><td>利息等（所法161四）</td><td rowspan="9">源泉征收后综合课税
（所法164①一）</td><td rowspan="9">能归属国内业务的部分
（所法164①二、三）</td><td rowspan="9">源泉分离课税
不能归属国内业务的部分
（所法164②一）</td><td rowspan="9">（所法164②二）</td><td>15.315%</td></tr>
<tr><td>股息、红利等（所法161五）</td><td>20.42%</td></tr>
<tr><td>贷款利息（所法161六）</td><td>20.42%</td></tr>
<tr><td>使用费等（所法161七）</td><td>20.42%</td></tr>
<tr><td>工资以及其他劳务提供获取的报酬、公共年金等、离职补贴等（所法161八）</td><td>20.42%</td></tr>
<tr><td>为了业务宣传的奖金（所法161九）</td><td>20.42%</td></tr>
<tr><td>根据生命保险合同的年金等（所法161十）</td><td>15.315%</td></tr>
<tr><td>定期公积金的支付填补金等（所法161十一）</td><td>20.42%</td></tr>
<tr><td>匿名团体合约等的利润分配（所法161十二）</td><td></td></tr>
</table>

来源：一般财团法人．大藏财务协会．《图解所得税》．平成27年版

（5）法人的课税方法

国内法人原则上主要针对该国内法人在国内取得的利息、股息红利等所得而进行征税（所法 174）。国外法人原则上是针对该国外法人取得的国内源泉所得进行征税（所法 178）。

（6）非课税所得和免税所得

所得税原则上是对个人在一个年度内的所得进行征收的，但是也会有因社会政策上的其他原因而不进行征税的所得，即为非课税所得。例如，死者家属的生活资金来源的家属抚恤金，工薪族取得的出差报销款、残疾人士取得的小额存款利息等均为非课税所得。

中日对比——相同点

日本所得税法中对纳税义务人与纳税范围的界定与我国的个人所得税法基本一致。首先，日本所得税中将纳税义务人分成了居民纳税人与非居民纳税人，要求居民纳税人就全世界的所得纳税，非居民纳税人就来源于国内的所得纳税，这与我国个人所得税法中对纳税义务人与征税范围的界定一致。其次，在判定居民纳税人与非居民纳税人时，日本所得税法中依据的判定标准主要是纳税人的国籍、住所以及在国内的居住时间等，我国的个人所得税同样主要依据上述标准对居民纳税人及非居民纳税人进行判定，两者基本一致。最后，日本的所得税除个人纳税义务人以外，明确规定了法人的纳税义务人身份，我国的个人所得税法中虽未明确法人的纳税义务人身份，但明确要求法人在向个人支付所得时，负有源泉扣缴的义务。从这几点来看，中日间对个人所得税制的界定基本类似。

3. 所得的种类

（1）所得税的计算体系

所得税根据当年 1 月 1 日到 12 月 31 日（年中死亡或者出国时，截止到死亡日或出国时）的 1 个公历年度里产生的所得额为基础进行税金计算。在这个计算过程中，为了确定年度所得额要进行十分复杂和重要的判断，并最终确定每个纳税义务人在这一年间应缴纳的所得税。所得税的计算顺序大概分为以下几个步骤：首先是要确认这 10 种所得的所得额，具体可以参照表 4－7（总体来说是用收入金额减去必要的费用后得出所得额）；其次是要把这 10 种所得的所得额进行汇总，并在一定的范围内进行抵消（日语为“损益通算”）；再次再根据所得税法的相关规定进行所得项目的扣除；最后使用相关税率计算出税额后，再进行相关税额扣除，最终计算得出应纳所得税额。

表 4－7　所得税计算顺序概要

各种所得金额的计算	=	10 种所得分别根据相关法规计算出各种所得的金额
⇩	=	
课税标准的计算	=	在这个环节进行“损益通算”以及“净损失或者其他损失的递延扣除”
⇩	=	
所得项目的扣除计算	=	在这个环节进行所得项目扣除
⇩	=	
税 额 计 算	=	选择“适用税率”，并进行“税额扣除”，再算出所得税额

来源：税务大学校．《所得税法（基础篇）》．平成 27 年版

（2）10 种所得

所得税中根据所得的性质区分为 10 个种类，根据各种所得税负承担能力进行应纳税所得额的计算，再根据应纳税所得额，采用超额累进税率法计算应纳所得税额。

表 4－8　10 种所得的具体分类

所得的种类	所得的内容
利息所得	公司债券、存款的利息、合同运用信托（借贷信托等）、公司债券投资信托、公募公司债券等运用投资信托的收益的分配等所得
股息红利所得	从法人得到的公积金、股利分配、公积金分配、基金利息等所得
不动产所得	土地、建筑物等不动产的租赁，地上资产等不动产的使用权的租赁，船舶、航空飞机等的租赁所得
经营所得	制造业、零售业、农业渔业、服务业等事业经营产生的所得
工资所得	津贴、工资、薪金、年薪、奖金等所得
离职所得	离职补助、临时补助、其他因离职所取得的所得

续表

所得的种类	所得的内容
山林所得	采伐山林之后转让、直接转让树木取得的所得（取得后5年内转让的所得归属于事业经营所得或者其他所得）
转让所得	土地、租借地使用权、建筑物、机械等资产转让产生的所得（事业经营所得、山林所得以及相当于其他所得的所得除外）
偶然所得	悬赏的赏金、赛马奖金、按照人寿保险合同取得的一次性所得、以营利为目的的持续行为而取得的一次性所得、因具有劳务或者其他劳务或者资产转让性质而取得的一次性所得
其他所得	上述9种所得以外的其他所得，例如，非经营用贷款的利息收入、作家以外的个人取得的稿酬费、印花税、演讲费、公共年金等所得

来源：税务大学校．《所得税法（基础篇）》．平成27年版

4. 10种所得的所得额的计算

原则上，各种所得应从当年度的收入中减去相应合理的费用后计算得出。但也有一部分所得（如山林所得等），根据特殊情况，需要进一步考虑特殊扣除项目。

表4－9　　所得的种类以及所得额的计算方法

种类（参照法规）	内　容	计算方法
利息所得（所法23①②）	存款、国债等的利息所得	收入金额（含税）
股息红利所得（所法24①②）	股权、出资的分红等的所得	收入金额（含税）－为购买股票等而借款而产生的利息
不动产所得（所法26①②）	土地、房屋等的不动产租赁所得	总收入金额－必要经费※1
经营所得（所法27①②）	商工业、农业等经营的所得	总收入金额－必要经费※1
工资薪金所得（所法28①②③）	工资、薪水、奖金等的所得	收入金额（含税）－工资所得扣除额※2

续表

种类（参照法规）	内　容	计算方法
离职所得（所法30①②③④）	离职补贴、一次性补贴等的所得	（收入金额（含税）－离职所得扣除额）×1/2
山林所得（所法32①③④）	转让山林的树木等的所得	总收入金额－必要经费※1－特别扣除额（最高50万日元）
转让所得（所法33①③④）	转让土地、房屋、画、高尔夫会籍等的所得	总收入金额－转让资产的购置费以及转让费－特别扣除额
偶然所得（所法34①②③）	抽奖、赛马中奖的奖金，按照人寿保险合同取得的一次性所得	总收入金额－取得收入时支出的费用－特别扣除额
其他所得（所法35①②④）	养老保险、公共性津贴等	收入金额－公共养老保险等扣除额
	非经营用贷款的利息所得	总收入金额－必要经费※1

来源：税务大学校．《所得税法（基础篇）》．平成27年版

※1 不动产所得、经营所得、其他所得（不包含法定年金等相关的部分）以及山林所得的所得额计算中都有扣除必要经费的一个环节。这里所指的必要经费除其他特殊规定外，主要指不动产所得、经营所得以及其他所得的：①与总收入金额相关的成本；②为了获取总收入直接支付的费用；③当年销售费用、管理费用以及该交易所产生的其他费用（折旧摊销费以外的费用只限于在12月31日时点确认是债务的部分）（所法37①）。

※2 上图中的工资所得扣除额在2016年和2017年按照表4－10进行计算。

表4－10　　　2016年和2017年工资所得扣除额计算表

	工资等的收入金额	工资所得扣除额
2016年	1 800 000日元以下	收入金额×40%，不满650 000日元时为650 000日元
	超过1 800 000日元—36 000 000日元以下	收入金额×30%＋180 000日元
	超过3 600 000日元—6 600 000日元以下	收入金额×20%＋540 000日元
	超过6 600 000日元—10 000 000日元以下	收入金额×10%＋1 200 000日元
	超过10 000 000日元—12 000 000日元以下	收入金额×5%＋1 700 000日元
	超过12 000 000日元	2 300 000日元（上限）
2017年	1 800 000日元以下	收入金额×40%，不满650 000日元时为650 000日元
	超过1 800 000日元—36 000 000日元以下	收入金额×30%＋180 000日元
	超过3 600 000日元—6 600 000日元以下	收入金额×20%＋540 000日元
	超过6 600 000日元—10 000 000日元以下	收入金额×10%＋1 200 000日元
	超过10 000 000日元	2 200 000日元

5. 课税标准的计算

所得税法中，纳税人在当年产生的10种所得进行分类，原则上是进行综合课税。但是在各项税费的计算中，不动产所得、事业经营所得、山林所得及转让所得等的损失原则上是可以从其他所得中扣除，类似这样所得之间的通算称为“损益通算”。

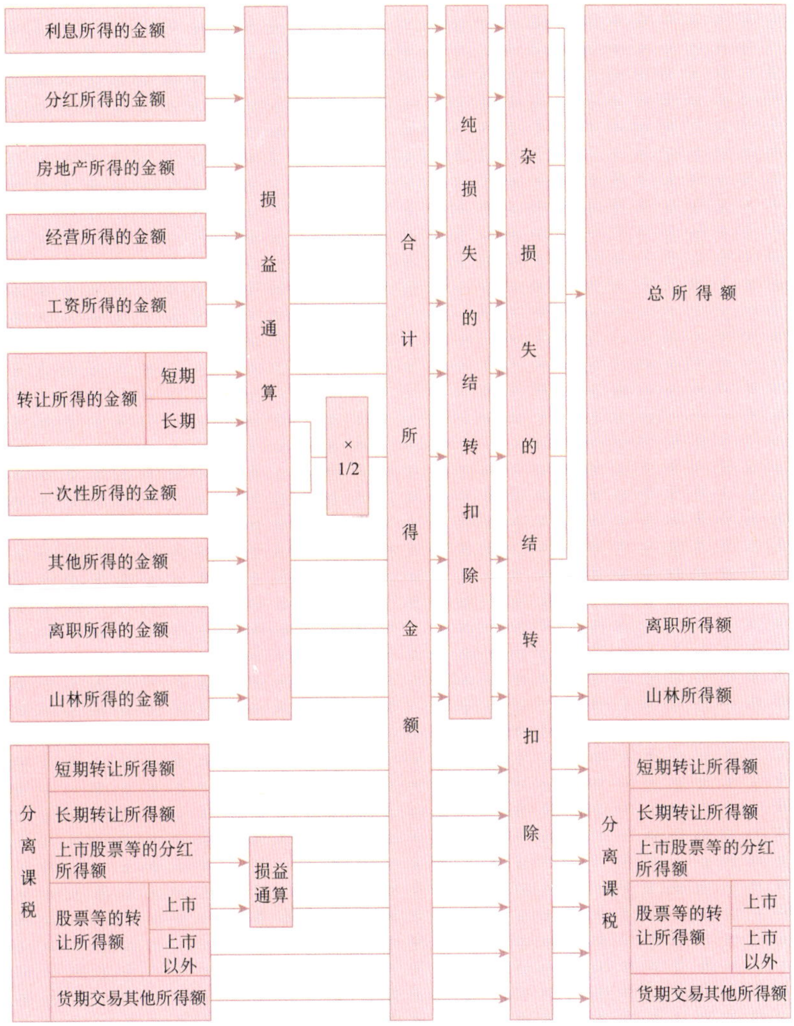

来源：税务大学校．《所得税法（基础篇）》．平成27年版

图4－2 所得税的课税标准

另外，最终所得总额是亏损时，因灾害导致房屋、家庭财产等遭受重大损失时，其损失额从当年所得中无法全部扣除时，损失额可以在以后年度的所得中进行结转扣除（原则上 3 年）。

中日对比——异同点

个人所得税的纳税义务人在计算应纳所得额时，有必要先计算出当年的应税收入并从中扣除相关的可扣除金额。

计算应税收入时，日本所得税适用的计算期间与我国一致，都是自然年度的 1 月 1 日至12 月 31 日。但在具体计算过程中，日本所得税采用的基本原理是将相关收入（包括利息收入、股息红利收入、不动产收入、经营收入、工资收入、离职收入、山林收入、转让收入、偶然收入与其他收入 10 类）减掉与这一收入相关的费用后的金额，再扣除相关投资损失后的余额（即所谓的“损益通算”）作为应税收入额。而我国只允许几类收入（如财产转让收入、租金收入等）扣除与取得收入相关的费用，除此之外，如工资收入、劳务收入等，由于在取得时一般不会发生费用，在计算应税收入时，不允许扣除相关费用，直接以取得的收入作为应税收入额。同时，我国的税法中也没有所谓的损益通算的规定。另外，日本在计算应税收入时，不仅允许扣除当年度的投资损失额，对当年度未抵扣完的部分，还允许结转至下年继续抵扣，有点类似于我国的企业所得税中的亏损结转弥补制度，而我国的个人所得税中并没有这一规定。从上述几点来看，在计算应税收入时，我国个人所得税中的可扣除项目更少，可扣除的金额也更低，两国税制间的差异显而易见。

6. 所得扣除

在计算所得税额时，可以从总所得额中扣除总计 14 种的所得扣除项目。这些所得扣除项目统称为“所得扣除”。

所得扣除的种类：①其他损失扣除；②医疗费扣除；③社会保险费扣除；④小规模企业共同救济等补助金扣除；⑤生命保险费扣除；⑥地震保险费扣除；⑦捐赠扣除；⑧残疾人扣除；⑨寡妇（寡夫）扣除；⑩学生勤工俭学扣除；⑪配偶扣除；⑫配偶特别扣除；⑬抚养扣除以及；⑭基本金扣除。

上述的14项所得扣除的运用顺序为，先将“其他损失扣除”与其他所得扣除项目区分开来，并最先从所得额中予以扣除，之后其他的所得扣除项目将同时进行扣除。扣除14项所得扣除项目时，按照①总所得金额、②山林所得金额、③离职所得金额的顺序进行扣除。也就是说，先把“其他损失扣除”按照上述顺序进行扣除。如还会产生所得额时，再与其他剩余的所得扣除项目进行抵扣。

表4－11　　一部分所得扣除项目的计算

所得扣除项目	计算方法
其他损失扣除	1. 损失金额中，与灾害有关的支付在5万日元以下时： →损失金额：总所得金额等的10% 2. 损失金额中，与灾害有关的支出超过了5万日元时： →损失金额：下述两种金额的较低方 ①损失金额－（与灾害有关支出的金额－5万日元）；②总所得金额等的10% 3. 损失金额全部是与灾害有关支出时： →损失的金额：下述两种金额的较低方 ①5万日元；②总所得金额等的10%
捐赠扣除	“特定捐赠的合计额”与“总所得金额等的40%”之间金额小的一方－2 000日元
配偶扣除	①一般扣除对象的配偶者：380 000日元 ②老人扣除对象配偶者：480 000日元
基础扣除	380 000日元

来源：税务大学校．《所得税法（基础篇）》．平成27年版

中日对比——异同点

在计算个人所得税的应纳税所得额时，除计算应税收入外，有必要计算出允许从应税收入中扣除的项目金额。

日本的所得税在对可扣除项目的规定方面，充分考虑了各家庭的经济状况和各家庭成员的基本情况，除适用380 000日元（相当于22 800元人民币）的年度基本扣除额外，根据不同家庭的情况又分别设计了配偶扣除、抚养扣除、残疾人扣除和学生勤工俭学扣除等，允许将基本扣除额及其他扣除项目扣除后的余额作为应纳税所得额。相比之下，我国个人所得税在扣除项目的设计上非常简单，基本采用定额扣除的方式。如工资薪金所得的每月可扣除金额为3 500元（外国人4 800元），劳务收入在申报时的可扣除金额为800元等。

7. 税额计算

（1）税率和税额的计算

所得税是将所得总额进行一些费用扣除后的应纳税所得额（应纳税所得总额、应纳税离职所得额以及应纳税山林所得额总额）乘以适用的超额累进税率（最高税率为45%），再从中扣除对应的“税额扣除”后算出的金额，是该纳税人一年的应纳所得税额，适用税率详见表4－12。

表4－12　　应纳税所得额和应纳税离职所得额的适用税率表

应纳税所得额	税率	扣除额
1 950 000 日元以下	5%	0 日元
超过1 950 000 日元—3 300 000 日元以下	10%	97 500 日元
超过3 300 000 日元—6 950 000 日元以下	20%	427 500 日元
超过6 950 000 日元—9 000 000 日元以下	23%	636 000 日元
超过9 000 000 日元—18 000 000 日元以下	33%	1 536 000 日元
超过18 000 000 日元—40 000 000 日元以下	40%	2 796 000 日元
超过40 000 000 日元	45%	4 796 000 日元

（2）税额扣除

为了防止所得税与其他国内外的税种产生双重征税的问题，设置了“分红扣除”，以及作为促进买房制度的一个环节而设的“购置住宅借款等的特别税额扣除”。这个税额扣除不同于计算课税标准时采用的所得扣除，是按照税率计算出的所得税总额中直接扣除详见表4－13。

表4－13　　分红扣除的计算方法

区　分	分红扣除额
应纳税所得总额在1 000 万日元以下	（分红所得额）×10/100
应纳税所得总额超过1 000 万日元	（分红所得额中，从应纳税所得额减去1 000 万日元的金额的超出的部分（A））×5/100＋（分红所得额中，（A）以外的部分）×10/100

来源：税务大学校.《所得税法（基础篇）》. 平成27 年版

购置住宅借款等的特别扣除的主要适用对象是指，在当年取得住宅、合计所得额在3 000 万日元以下的纳税人。

中日对比——异同点

日本的所得税与我国的个人所得税一样，都是以应税收入减去可扣除项目后的余额作为应纳税所得额，并以此为计税基础计算所得税额。两国不同的是，在计算应纳税所得额时，日本主要采用综合计税的方式，除利息所得、不超过一定金额的股息所得等特定所得外，其余所得一并加总在一起，适用同一累进税率（5%—45%）计税。而我国在计算个人所得税时，主要采用分类计征的方式，将各类所得分别乘以各自的适用税率计税。

另外，中日在计算个人所得税时，为避免国际的双重征税，都允许在税额中扣除一定的项目（如在国外已缴纳的所得税等），以扣除该项目后的余额作为最终的应纳税额。但我国税法中规定的可扣除的项目比较少，主要是在国外已缴纳的税金等，且对已缴纳税金的相关证明资料（如完税凭证等）要求非常严格，没有充足的证据，不允许进行税额的直接抵扣。而日本除在国外缴纳的税金外，还设计了分红扣除以及购置住宅借款等特别扣除项目，可扣除的项目更多，体现了税制设计的人性化。

8. 源泉征收

（1）源泉征收制度

所得税的征收方式有两种，原则上采用以年度为单位的申报纳税制度，除此之外与申报纳税制度并用的还有一种是源泉征收制度。源泉征收制度是针对特定的所得（例如工资薪金所得等），由该所得支付方（代扣代缴义务人）在支付时，根据相关税法规定计算所得税额，并将该所得税额从支付款项中扣除后，在一定的期限内申报缴纳该所得税（“代扣代缴”）。代扣代缴的所得税从性质上来看属于当年所得税的提前预缴。

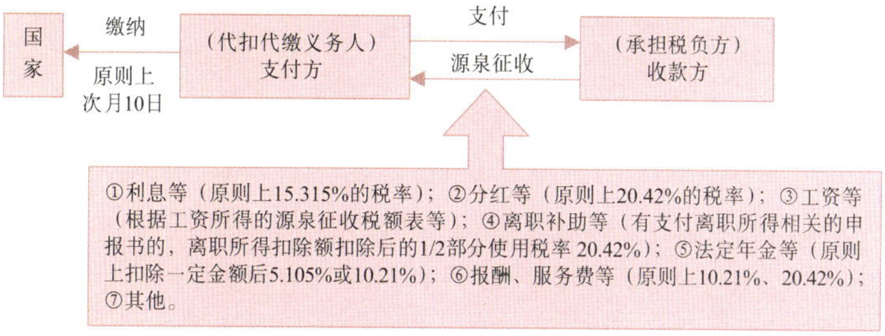

来源：税务大学校．《所得税法（基础篇）》．平成27年版

图4－3　源泉征收的流程图

（2）年末调整

工资薪金支付方在年末最后支付工资时，要计算出针对每一个工资所得纳税人在当年支付的工资总额部分的年度税额，与每月支付工资时代扣代缴的税额的总和相比较后，进行多退少补处理（所法190）。

但是，取得以下三种工资薪金的所得者不进行年末调整：

①没有提交“工资薪金所得者抚养扣除等申报书”的人；

②当年取得收入超过了2 000万日元的人（原则上要进行年度申报，日语为“确定申报”）；

③年中离职的人。

9. 申报和缴付

纳税人应该计算一个年度的应纳所得税额，并进行所得税的年度申报（日语为“确定申报”）。但是在年度申报纳税时（次年的2月16日到3月15日），如果一次性缴纳的税金过大，考虑到纳税人负担过重以及每年财政收入平均化的需要，税法也设置了“预申报”（每年的7月和11月缴纳税金）制度。

（1）预申报

原则上，以上一年度的所得税额为基准进行调整计算得出的税额（预缴基准额）在15万日元以上的纳税人需要进行预申报。纳税征期是7月1—31日和11月1—30日，预缴税额是预缴基准额的三分之一。

以上预缴基准额的计算方法是以纳税人的所得和上一年度基本没有变化为前提的。如果和上一年度相比，当年税额减少、且有充足理由的话，可以根据预估计算结果申请预申报。

（2）年度申报（日语为“确定申报”）

纳税人当年总所得额、离职所得额以及山林所得额的合计总额，超过所得扣除的合计总额，并且其超出额乘以适用累进税率计算出来的所得税额超过红利扣除额时，应在次年的2月16日至3月15日之间向税务署长提交年度申报表。

另外，如果年中缴纳的源泉征收税额或者已缴纳税额，超过当年的所得总额、离职所得总额以及山林所得总额产生的应纳税额的合计总额，可以提交年度申报表来申请税金返还。

（3）青色申报

根据相关规定，能够准备完善正规的会计账簿且能够合理地计算所得额的纳税人，可享受税法上的优惠制度即为青色申报制度。青色申报的两个必要条件是：①向税务署长提交青色申报的审批申请书，并取得相关审批；②要制作相关会计账簿，记录相关经营所得交易，并妥善保存（所法148）。相关会计账簿的保存期限为7年（所法148，所规63）。

采用青色申报的纳税人可享受经营业者如工资等必要经费的扣除、以及青色申报特别扣除等一些优惠政策。

中日对比——异同点

在个人所得税的纳税申报方面，日本与中国同时都采用了源泉扣缴与自行申报两种方式，但在两种方式选择的主次上，两国间略有不同，且日本对自行申报纳税方式的要求更高、更规范。具体来说，日本在所得税的征收方面主要采用自行申报的方式，要求年收入达到一定金额、且适用源泉征收的纳税人在特定时点预缴所得税，并在年末汇算清缴所得税，多退少补，类似于我国企业所得税的征收方式。除此之外，对于工资薪金、股息红利等较容易源泉征收的所得，日本多采用源泉征收的方式，且同样要求纳税人在年末对已纳税额进行申报调整，多退少补。相比之下，我国的个人所得税在征收方面主要采用源泉扣缴的方式，如对工资所得、劳务所得、稿酬所得、股息红利所得、偶然所得等全部适用源泉课征方式征税。自行申报方式主要适用于无法适用源泉征收的所得部分，如自营业者的经营所得等。另外，我国虽然导入了个人所得税12万元申报制度，但其目的主要是为了税务局对高收入群体信息的收集，与日本的年末调整、汇算清缴以及多退少补制度还存在一定差异。

10. 复兴特别所得税

东日本大地震后，为了确保实施开展复兴扶持计划所必需的财源，特别措置法（2011年法律第117号）创建了“复兴特别所得税”。根据相关规定，从2013年到2037年的各个年度的所得税年度申报（日语为“确定申报”）中，将复兴特别所得税和所得税一起汇总后进行申报纳税。原则上，复兴特别所得税额是基准所得税额×2.1%。

表4－14为所得税、复兴特别所得税申报表A类的表样，除此以外还

有适用分类课税的申报表B。申报表A为纳税申报表的首页，除了纳税人的个人信息以外，主要记载了应纳税所得额、应扣除项目金额以及税理士（相当于中国的注册税务师）的签字等主要信息。

表4－14　　　　申告書A（第一表・第二表）

○ 申告書A第一表

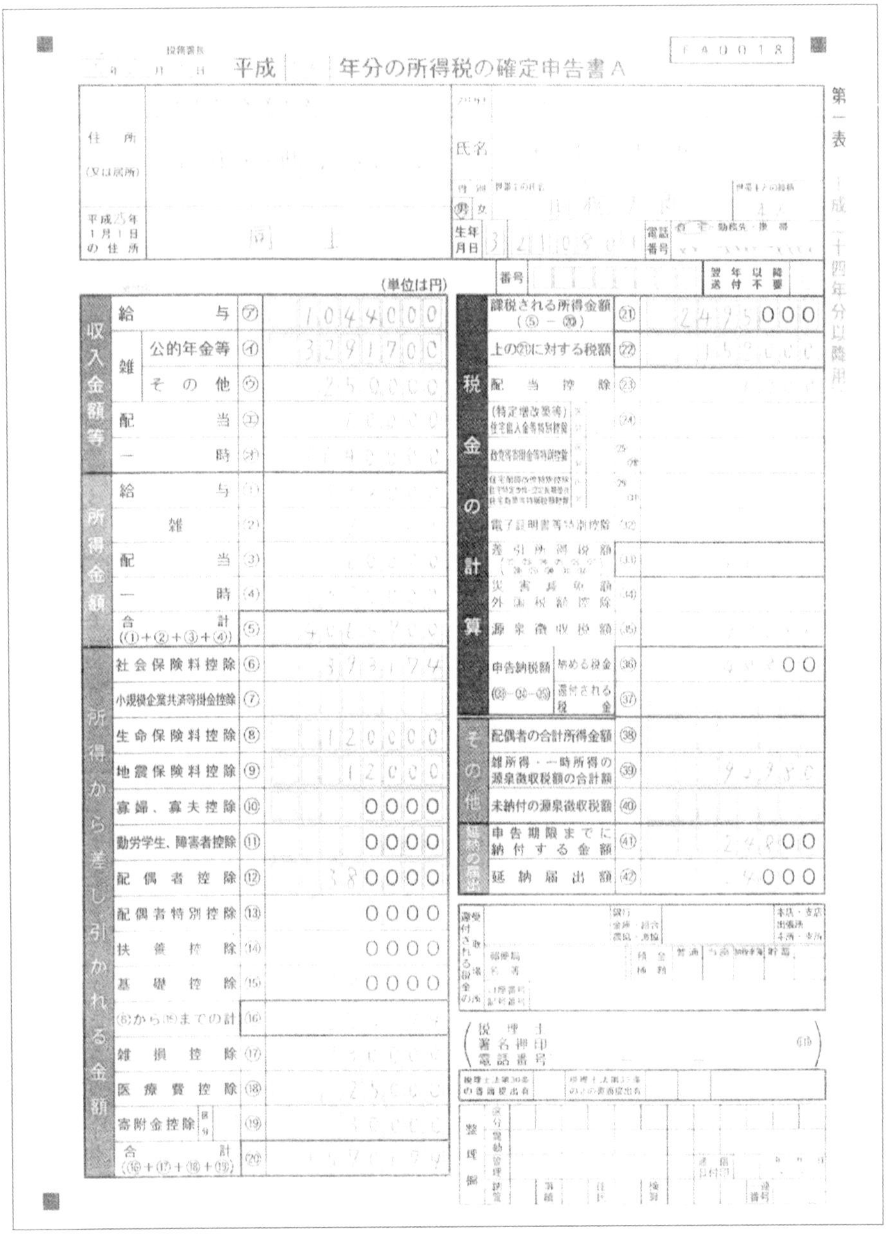

○ 申告書A第二表

平成　　年分の所得税の確定申告書A　　FA0062　　第二表

住所　○○市△△町×－×－×

フリガナ　コクゼイ　タロウ

氏名　国税太郎

○ 所得の内訳（源泉徴収税額）

所得の種類	種目・所得の生ずる場所又は給与などの支払者の氏名・名称	収入金額	源泉徴収税額
給与	給料 ○○産業株式会社	1,044,000円	0円
雑	国民年金 厚生労働省	792,100	0
雑	○○年金 ○○組合	2,499,600	67,980
雑	原稿料 ○○出版	250,000	25,000
配当	株式の配当 ○○電気株式会社	60,000	4,200
		㉟源泉徴収税額の合計額	97,180円

○ 雑所得（公的年金等以外）・配当所得・一時所得に関する事項

所得の種類	種目・所得の生ずる場所	収入金額	必要経費等
雑	上記のとおり	250,000円	50,000円
配当	上記のとおり	60,000	0
一時	生命保険金 ○○生命	5,000,000	1,860,000

○ 住民税に関する事項

16歳未満の扶養親族	扶養親族の氏名	続柄	生年月日	別居の場合の住所
			平 . .	
			平 . .	
			平 . .	

給与・公的年金等に係る所得以外（平成25年4月1日において65歳未満の方は給与所得以外）の所得に係る住民税の徴収方法の選択：給与から差引き／○自分で納付

配当に関する住民税の特例

非居住者の特例

配当割額控除額

寄附金税額控除：都道府県、市区町村分／住所地の共同募金会、日赤支部分；条例指定分：都道府県、市区町村

別居の控除対象配偶者・控除対象扶養親族の氏名・住所：氏名、住所

○ 所得から差し引かれる金額に関する事項

⑥社会保険料控除 社会保険の種類	支払保険料	⑦小規模企業共済等掛金控除 掛金の種類	支払掛金
国民健康	円		円
介護			
後期高齢者			
合計		合計	

⑧生命保険料控除			
新生命保険料の計	25,000円	旧生命保険料の計	35,000円
新個人年金保険料の計		旧個人年金保険料の計	100,000
介護医療保険料の計	90,000		

⑨地震保険料控除			
地震保険料の計	12,000円	旧長期損害保険料の計	円

本人に関する事項（⑬）：□寡婦（寡夫）控除（□死別 □生死不明 □離婚 □未帰還）　□勤労学生控除 学校名

⑪障害者控除　氏名

⑫〜⑭配偶者（特別）控除・扶養控除 配偶者の氏名	生年月日	
国税花子	明・大・昭・平	☑配偶者控除　□配偶者特別控除

控除対象扶養親族の氏名	続柄	生年月日	控除額
		明・大 昭・平 . .	万円
		明・大 昭・平 . .	
		明・大 昭・平 . .	
		⑭扶養控除額の合計	万円

⑰雑損控除 損害の原因	損害年月日	損害を受けた資産の種類など
火災	24.9.2	住宅 家財
損害金額	保険金などで補塡される金額	差引損失額のうち災害関連支出の金額
5,800,000円	5,300,000円	280,000円

⑱医療費控除 支払医療費	円	保険金などで補塡される金額	55,000円

⑲寄附金控除 寄附先の所在地・名称		震災関連寄附金	円
		上記以外の寄附金	

○ 特例適用条文等

整理番号

※　記載例中における社会保険料の金額は、実際の金額とは異なります。

11. 住民税

住民税属于地方税，分为都道府县民税和市町村民税。以东京都为例，一般来说“个人都民税”以及“个人区市町村民税”合起来被叫作“住民税”。征税对象的判定，从原则上来说是在1月1日居住在东京都内的居民。工薪阶层的住民税额通常来说是所得税的10%左右，根据居住城市不同税率会有一些变化。一般是在6月份到次年5月份的每个月的工资里进行扣缴。

中日对比——异同点

日本除一般的个人所得税之外，还存在属于地方税的住民税，且根据地区的不同，适用的税率也不同。而我国并没有类似的地方税制度。表4－15为中日两国个人所得税的对比。

表4－15　日本的所得税等和中国的个人所得税对比表

项　目	日本的所得税等①	中国的个人所得税
性质	直接税	直接税
纳税义务人	原则上是个人，并根据居住情况分为居民和非居民，分别承担不同的纳税义务。另外法人也会根据利息、股息、红利等所得成为所得税法的纳税义务人	在中国境内有住所，或者虽无住所但在境内居住满1年，以及无住所又不居住或居住不满1年但从中国境内取得所得的个人。包括中国公民、个体工商户、个人独资企业、合伙企业以及外籍个人 包括居民纳税人和非居民纳税人
征税范围	10种所得 ①利息所得 ②股息红利所得 ③不动产所得 ④经营所得 ⑤工资薪金所得 ⑥离职所得 ⑦山林所得 ⑧财产转让所得 ⑨偶然所得 ⑩其他所得	11种所得 ①工资薪金所得 ②个体工商户、个体独资企业和合伙企业的生产经营所得 ③承包经营、承租经营所得 ④劳务报酬所得 ⑤稿酬所得 ⑥特许权使用费所得 ⑦利息、股息、红利所得 ⑧财产租赁所得 ⑨财产转让所得 ⑩偶然所得 ⑪其他所得

① 所得税等包括所得税、复兴特别所得税和住民税。

续表

项　目	日本的所得税等	中国的个人所得税
税率	超额累进税率（七级5%～45%）	不同所得类型适用不同的比例税率 其中工资薪金所得适用超额累进税率（七级3%～45%）
计税方法	综合所得税制（结合个别分类计算）	分类所得税制 将个人取得的各种所得划分为11类，分别使用不同的费用扣除规定、税率和计税方法
申报方法	自行申报（为主）+代扣代缴	自行申报+代扣代缴（为主）
纳税期限	年度申报（日语为“确定申报”）：次年的2月16日至3月15日 预申报： 限预缴基准额在15万日元以上的纳税人。纳税征期是7月1—31日和11月1—30日	年度12万申报：次年的3月31日 月度申报：当月结束日起15日内
青色申报制度	导入青色申报制度：目的是通过给予一定的税收优惠，鼓励纳税人规范会计核算。相关会计账簿要求保存期限为7年	未导入类似青色申报制度
其他	以家庭为纳税单位综合考虑 税金扣除范围更大	以个人为纳税单位

来源：日本所得税法等和中国的《个人所得税法实施条例》等

第三节 法人税

1. 法人税概要

法人税是对法人在生产经营活动中产生的利润征收的一种税（是广义上所得税的一种）。法人税主要是以法人形式的生产经营主体为纳税义务人，直接将其所得作为征收对象进行计税。2014 年度的国家财政预算中，法人税约占日本国税收入的 20%，与所得税（含源泉所得税）和消费税一样，是财政资金的一个重要来源。

中日对比——异同点

日本的法人税与我国的企业所得税在计税原理上类似，都是针对法人在一定期间内产生的利润征收的一种税。在税金贡献方面，我国税收收入中企业所得税的占比近年来逐年攀升，已突破税收总收入的 20%，企业所得税在我国税收体系中的地位日益重要，与日本法人税在其税收体系中的地位基本一致。

2. 纳税义务人

法人税法（以下简称法法）规定，法人为纳税义务人（法法 4 一、三）。具有缴纳法人税义务的法人，依据其总部或者主要办事处的所在地，被区分为居民企业（日语为“内国法人[①]”）和非居民企业（日语为“外国法人[②]”）（法法2三、四）。

在日本国内没有设立总部的非居民企业，只针对其在日本国内产生的所得负有纳税义务。

中日对比——相同点

日本的法人税与我国的企业所得税一样，根据纳税人是居民企业（日语为“内国法人”）和非居民企业（日语为“外国法人”）的不同，纳税义务范围的判定结果会有所不同。若纳税人被判定为居民企业，纳税人需就其全球所得承担纳税义务，若被判定为非居民企业，纳税人只需就其来源于国内的所得承担纳税义务。另外，在判定纳税人是居民企业还是非居民企业时，中日两国的判定标准也基本相同，都是根据企业的注册地或实际经营机构所在地为标准进行判定。

3. 营业年度和纳税地

（1）营业年度

法人通过会计核算确定每个特定期间的损益，再根据核算确定的损益结果进行股利分配，像这样计算损益的每个期间，一般称为“会计期间”或者“会计年度”。

当会计年度被明确地记载到法人的章程里时，在法人税法上，该会计年度可作为“营业年度”，并以此为基准日计算每个营业年度的应纳税所得额（法法13①）。例如，一般的株式会社都需要通过章程规定营业年度（在日本的本土居民企业，一般习惯于将会计年度设定为4月1日到次年的3月31日。当然在日本，对于营业年度没有强制要求，企业可以自由选择会计决算日）。但是，如果超过1年，法人税法则要求该期间以其开始之日起每1年划分为一个阶段，即法人税法中的营业年度为1年。

① 内国法人是指企业总部等主要管理机构在日本国内的法人。

② 外国法人是指内国法人以外，有来源于日本国内源泉所得的法人。

中日对比——异同点

日本的法人税法中规定的营业年度（日语为“事业年度”）与我国申报企业所得税时使用的会计年度有本质区别。在我国，企业只能以一个自然年度即一个公历年度为营业年度，即所有企业都要以12月31日为会计决算日并进行企业所得税纳税申报。而在日本，企业可以通过制定公司章程等自行规定会计年度，并结合其会计年度来判定相关的法人税申报纳税期限。

（2）纳税地

居民企业（日语为“内国法人”）的纳税地，是其总部或者其主要经营场所的所在地（法法16）。法人税规定的纳税地，不仅仅是指缴纳法人税的场所，还包括申报、申请、请求、备案等法人根据法人税法履行义务和行使权力时，处理所有相关事项的场所（法法71、74、80等）。

对于非居民企业（日语为“外国法人”）而言，如果非居民企业在日本国内形成常设机构，则通常情况下形成常设机构的所在地被判定为纳税地；如果没有常设机构，且取得日本不动产租赁收入的情况下，则不动产所在地为纳税地。

4. 应纳税所得额

法人税的计税依据是法人一个营业年度的应纳税所得额，简单来说法人的应纳税所得额为收益（日语为“益金”）减去损失（日语为“损金”）的差额（法法22、一）。即

应纳税所得额 = 收益 − 损失

收益包括企业会计核算上确认的收入，如销售货物收入、提供劳务收入、股息红利等权益性投资收益以及其他收入。损失包括企业实际发生的与取得收入有关的生产成本、管理费用等支出，也包括一些企业在会计核算中不作为当年费用予以列支的部分，如以前年度亏损等，同时也包括企业会计核算确认为费用、而法人税法上不确认为费用的部分，如业务招待费（日语为“交际费”）、捐赠支出（日语为“寄付金”）的超出额度部分等。

在实务操作中，法人税申报时，一般是以会计利润为基础，并对其进行税法上的纳税调整后，计算得出法人的应纳税所得额。

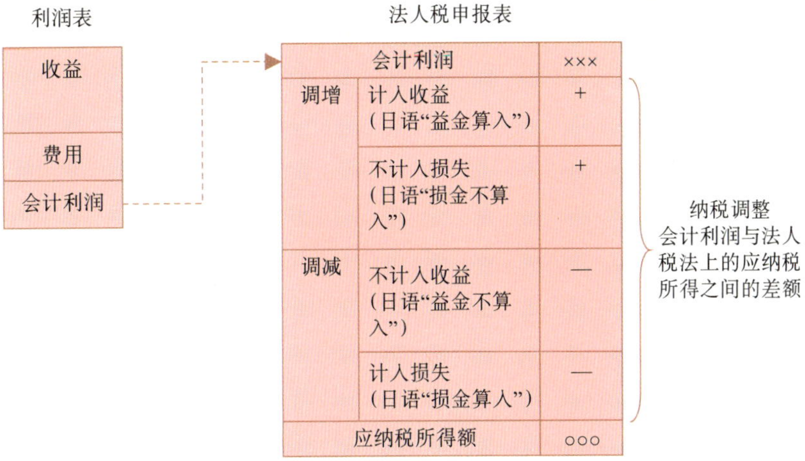

图 4－4 会计上的利润与法人税法上的应纳税所得额之间的关联

中日对比——相同点

日本法人税对应纳税所得额的计算方法与我国的企业所得税一致，都是以企业的当期会计利润为基础，将当期会计利润按照税法要求进行纳税调整后的金额作为应纳税所得额，并据此计税。

5. 收益的计算

法人税法上的收益具体包括以下内容：

（1）商品、产品等货物的销售收入；

（2）固定资产、有价证券等资产的转让收入；

（3）承包等劳务服务的相关收益；

（4）无偿转让资产或提供劳务的收入；

（5）无偿接受资产的收入；

（6）其他交易收入（除资本性交易）。

接下来主要着眼于与会计核算的不同部分，具体介绍一下在法人税法中如何确定收益金额等。

（1）销售货物收入

是指企业销售商品、产品、原材料以及其他存货取得的收入。确认收入时点一般为商品等货物的转移日，详见表 4－16。

表 4－16 商品货物等的转移日

货物转移日	发货基准	根据对方的订单，商品货物等的出货日	仓库、工厂的出货日
			货物装船日
			货物装车日
	验收基准		对方验收后取得商品日
	使用收益基准		购买方能够确认取得收益日
	测试日基准		根据测试日确定销售数量日

（2）无偿转让资产的收益

法人无偿转让资产时，从会计核算来说，没有实际的金钱货币等交易，所以不确认相关收益。但是，在法人税法上，法人与对方进行交易时，所有的资产将被认定为以公允价值确认应纳税所得额。

所以，即使是法人将所有的资产无偿或低价转让给他人，也需要按照转让资产的公允价值确认收益，同时由于该转让交易而产生的损失原则上也应被视为捐赠支出。

（3）无偿（或低价）接受资产的收益

法人无偿或低价接受对方的资产，或者是被免除了债务的偿还时，原则上，该资产受让价格与公允价值之间的差额、或者免除债务额，都应作为法人税法的收益予以确认（法税 22②）。

（4）股息、红利等的收益

法人从其他国内法人中取得股息、红利时，该股息、红利在会计核算中会被确认为收入，但是在法人税法上，履行一定的申报手续后，可以将其一部分不确认为收益（法法 23）。其主要原因是由于法人在收到股利前，分配股利的法人已缴纳了法人税，如对收取该股利的法人再进行计税的话，将构成双重征税。为了避免双重征税，法人税法导入了部分分红不作为法人税的收益予以确认的制度（日语为“受取配当等的益金不算入制度”）。我国的企业所得税法中也有类似的免税收入规定，即符合条件的居民企业之间的股息、红利等权益性投资收益为企业所得税的免税收入。

（5）退税等

法人税以及属于地方税的住民税（都道府县民税、市町村民税）等，是以法人的所得作为应纳税所得额进行征税。作为应该从这部分所得中支付的税金，在计算应纳税所得额时不计入法人税的损失中（法法 38）。同样，由于超额缴纳或者错误缴纳等情况发生退税时，退税金额也不计入法人税的收益中。

中日对比——异同点

我国的企业所得税法在计算应纳税所得额时的计税原理与日本的法人税法一致。根据我国的企业所得税法，企业在计算应税收入时，应将销售收入、提供劳务收入、财产转让收入、股息红利收入、投资收益、利息收入、租金收入、特许权使用费收入、捐赠收入（包含无偿接受资产的收益）等全部计算在内。同时，企业无偿转让资产时取得的收益也将作为企业的视同销售收入，一并纳入应纳税所得额中计算缴纳企业所得税。除此之外，为了避免双重征税，我国的企业所得税法还规定对居民企业间取得的股息、红利所得不征税，其免税原理与日本的法人税一致。不过，如果从两国税法的具体处理来看，在一些细节方面，两国税法仍存在差异。如中日税法中同样对股息分红适用免税处理，但中国税法允许纳税企业将从居民企业取得的全部股息、红利所得免税，而日本只允许一部分股息、红利所得适用免税，其他仍需计入应纳税所得额中计算缴纳法人税等。

6. 损失的计算

在法人税法中，计入损失的金额主要按照如下三种类型进行区分（法法22③）：

（1）法人在生产经营活动中发生的销售成本、业务支出以及其他耗费；

（2）销售费用、管理费用等（包含折旧）；

（3）由于灾害等产生的损失（除资本性交易）。

接下来主要着眼于与会计核算的不同部分，具体介绍一下在法人税中如何确定损失金额等[①]。

（1）销售成本中的存货的税务处理

销售成本是指，期初存货金额加上当期的采购金额减去期末存货的金额。期初存货金额在上一期已确定，当期的采购金额也主要根据实际的交易价格而定，所以期末的存货金额直接影响着当期销售成本的计算。因此，在法人税法上，明确规定了存货的期末计价方法。法人税法规定存货

① 该费用指的是法人税法上的费用。日语中为“损金”。

的期末计价方法有成本法（法令28①一）和低价法[1]（法令28①二）。其中，成本法又分为个别法、先进先出法、总平均法、移动平均法、最终采购成本法以及销售价格还原法（法令28①一）。计价方法一经选用，不得随意变更。如变更计价方法，应在变更的营业年度开始日的前一天向所属税务署长提交变更申请并取得相关许可（法令30②）。

（2）固定资产的折旧

在法人税法上折旧资产具体是指，有形折旧资产（建筑物、建筑物的附属设备、车辆及运输工具、工具、器具与设备、机械装置等）、无形折旧资产（特许权、实用新案权、商标权、营业权、软件以及矿业权等）以及生物（牛、马以及果树等）（法法2二十三、法令13）。折旧资产在选用折旧方法时，法人税法规定原则上采用“定额法”（根据折旧年限每年平均分摊折旧额，即中国的“直线法”）或者“定率法”（每年根据一定的比率计算折旧额，即中国的“余额递减法”）。折旧时，还需考虑使用年限、残值以及折旧可能限度额。另外，日本法人税法规定，通常情况下法人应当自固定资产投入使用当月起计提折旧。

表4－17为折旧资产选择折旧方法的范围。法人选定折旧方法后，应持续使用该折旧方法。如变更折旧方法，应在变更的营业年度开始日的前一天向所属税务署长提交变更申请并取得相关许可（法令52）。

表4－17　折旧方法的选择范围

<table>
<tr><th colspan="2">资产的区分</th><th>提交申请的法人</th><th>未提交申请的法人</th><th>特殊折旧方法</th></tr>
<tr><td rowspan="3">建筑物（矿业用除外）</td><td>1998年3月31日以前取得</td><td>旧定额法与旧定率法中，选择提交申请的方法</td><td>旧定率法</td><td rowspan="7">取得税务署长的许可后，可选择左述以外的特殊折旧方法</td></tr>
<tr><td>1998年4月1日以后取得</td><td colspan="2">旧定额法（无须提交申请）</td></tr>
<tr><td>2007年4月1日以后取得</td><td colspan="2">定额法（无须提交申请）</td></tr>
<tr><td rowspan="2">有形折旧资产（建筑物、矿业用建筑物除外）</td><td>2007年3月31日以前取得</td><td>旧定额法与旧定率法中，选择提交申请的方法</td><td>旧定率法</td></tr>
<tr><td>2007年4月1日以后取得</td><td>定额法与定率法中，选择提交申请的方法</td><td>定率法</td></tr>
<tr><td rowspan="2">无形折旧资产、生物（矿业权除外）</td><td>2007年3月31日以前取得</td><td colspan="2">旧定额法（无须提交申请）</td></tr>
<tr><td>2007年4月1日以后取得</td><td colspan="2">定额法（无须提交申请）</td></tr>
</table>

① 低价法是指，存货的期末售价净额低于其成本的，将成本与售价净额之差计入当期费用的存货期末计价方法。

金额较小的折旧资产只要满足如下两个条件中的任一项时，在属于该资产使用当日的营业年度里可将折旧一次性计入法人税的损失中，也就是说，不作为折旧资产计入资产中（法令133），而是可以一次性费用化处理。

①可使用期限不满一年；

②取得原值不满10万日元。

对于10万日元以上、且不满20万日元的折旧资产，可以作为一次性折旧资产在投入到生产使用后，确认折旧额为，其资产的取得原值根据当期营业年度的月数以及以后营业年度使用的月数的总额在36个月内进行分摊（法令133之2），即一次性折旧资产的取得原值×当期营业年度的月数/36。

表4－18 小额折旧资产等的税法处理的汇总

小额折旧资产的取得原值	不满10万日元	可选择	计入资产，进行相关折旧
			投入生产使用时，全额计入费用
			作为一次性折旧资产计入费用
	10万日元以上、且不满20万日元	可选择	计入资产，进行相关折旧
			作为一次性折旧资产计入费用
	20万日元以上	—	计入资产，进行相关折旧
	不满30万日元	—	投入生产使用时，限额内的部分计入费用（仅限于采用青色申报①的中小企业和农业协同组合等法人）

定额法和定率法的计算举例（前提：固定资产取得原值100万日元、使用年限10年）。

表4－19

项　目	定　额　法	定　率　法
使用年限	10年	10年
折旧率	0.100	0.200
改定折旧率	—	0.250
保证率	—	0.06552
折旧保证额	—	65 520日元 （=1 000 000×0.06552）

① 青色申报制度主要是日本税务局鼓励企业完善健全财务体制，对于采用青色申报制度的企业会给予税收上若干优惠政策。具体请详见本章节的9。

续表

项　目	定　额　法	定　率　法
第1年折旧费	100 000日元 （=1 000 000×0.100）	200 000日元 （=1 000 000×0.200）
第2—6年折旧费	100 000日元 （=1 000 000×0.100）	（1000 000－以前年度累计折旧额）×0.200
第7年折旧费	100 000日元 （=1 000 000×0.100）	65 536日元 （=原值修订额262 144日元×0.250） 【计算注意事项】 （1）调整前折旧额的计算 （1 000 000－以前年度累计折旧额）×0.200 =52 429（日元） （2）由于调整前折旧额52 429日元小于折旧保证额65 520日元，按照原值修订额（注）×修订折旧率计算折旧费。 （注）原值修订额：1 000 000－以前年度累计折旧额
第8—9年折旧费	100 000日元 （=1 000 000×0.100）	65 536日元 原值修订额×0.250
第10年折旧费	99 999日元 期初账面价值－1日元 <1 000 000×0.100	65 535日元 期初账面价值－1日元<原值修订额×0.250

（3）递延资产的折旧

在法人税法上，递延资产是指企业发生的应在1个年度以上或几个年度进行摊销的一次性支付的费用支出（法法2二十四、32①、令14①）。主要指创业费、开办费以及股权交付费等，类似于中国企业所得税法中有关长期待摊费用的税务处理。其中支出费用额不满20万日元时，可不计入递延资产，在支出时一次性全额计入费用并予以税前列支（法令134）。

（4）业务招待费（日语为“交际费”）

法人税法中交际费等的定义相比社会上的普通概念还要更广泛些，包括交际费、接待费、机密费以及法人对业务交易方等进行的诸如接待、宴请、慰劳、赠送以及其他类似行为的开销（措法61之4④）。

交际费主要是为了促进销售等经营活动的一种支出，只要是有明确意图的交际费，在企业会计核算上应该全额确认费用。但是为了确保征税的合理以及公平，法人税法对交际费可税前列支金额进行了有关限制。

表4－20 2014年4月1日以后开始的营业年度交际费的计算方法

对象法人	选择方法	税前不能列支金额计算
资本金1亿日元以下的法人（大企业的子公司等除外）	可选择	交际费等的支出金额－800万日元×月数/12※
		交际费等的支出金额－饮食接待费×50/100
上述以外的法人	—	交际费等的支出金额－饮食接待费×50/100

※如出现负数时为零（全额税前列支）。

（5）捐赠支出（日语为“寄付金”）

在法人税法上，捐赠是指法人进行的金钱、其他资产的赠与或者是经济上的利益的无偿提供等（法法37⑦⑧）。

表4－21 根据捐赠支出内容而区分的不同税务处理方式

	捐赠类别	处理方式
①	普通捐赠	以资本金等（相当于所有者权益）的金额与所得的金额为标准计算可税前列支金额
②	完全控股关系项下的支付给对方的捐赠	全额不能税前列支
③	支付给国家、地方公共团体的捐赠	全额税前列支
④	财务大臣指定的捐赠	
⑤	支付给特定公益增进法人的捐赠	根据以下两者孰低原则税前列支： ◇对特定公益增进法人的捐赠总额 ◇特别税前列支限额①
⑥	为特定公益信托财产所支出的金钱等	
⑦	特定非营利活动法人（NPO）的捐赠	
⑧	支付给国外关联方的捐赠	全额不能税前列支

（6）资产减值损失

当法人持有资产的公允价值低于账面价值、且在会计上进行了资产减值损失计提时，法人税法上，基于防止通过资产减值的方式达到肆意调整

---

① 日语为“特别损金算入限度额”，具体计算公式为：〔资本金额×当期月数/12×$\frac{3.75}{1,000}$+所得额×$\frac{6.25}{100}$〕×$\frac{1}{2}$

应纳税所得额等方面的考虑，除由于自然灾害导致的明显损失以及其他特别事宜外，原则上资产减值损失不能从当期税前列支（法法33①）。

（7）坏账准备

法人税法规定，在一定额度内允许坏账准备进行税前列支的仅限于以下的中小法人、银行、保险公司等以及拥有一定的货币债权的法人。

①期末资本金的额度在1亿日元以下的普通法人（法法52①一イ），但是，不包括与资本金在5亿日元以上的法人之间存在完全控股关系的普通法人等；

②没有资本金或者出资额的法人（法法52①一イ）；

③公益法人等或者协同组合等（法法52①一ロ）；

④没有人格的社团等（法法52①ハ）

⑤银行、保险公司等（法法52①ニ）；

⑥有与金融交易有关的货币债权的法人（法法52①三）；

（8）亏损弥补

适用青色申报的法人可享受“亏损结转制度”。该制度规定，上一营业年度发生的亏损，在满足以下所有条件时，可将亏损额中相当于当期应纳税所得额的50%部分[①]，从当期的应纳税所得额中扣除（法法57）。但是，资本金在1亿日元以下的中小法人等不受50%的限制（法法57⑪）。

①9年[②]内税局认定的可弥补亏损额；

②在青色申报适用的会计年度产生的亏损；

③连续提交以后年度的年度申报表；

④保存亏损年度的会计账簿。

中日对比——异同点

在费用的计算方面，我国的企业所得税与日本的法人税适用的计税原理一致。与日本一样，我国的企业所得税中也对存货的成本核算方法、固定资产的折旧方法、扣除限额、业务招待费（日语为“交际费”）、

---

① 2015年至2018年有如下过渡政策：即2015年4月1日至2016年3月31日之间开始的营业年度为65%，2016年4月1日至2017年3月31日之间开始的营业年度为60%，2017年4月1日至2018年3月31日之间开始的营业年度为55%，2018年4月1日以后开始的营业年度为50%。

② 2018年4月1日以后开始的营业年度所发生的亏损的，可结转到下期至以后的10年。

捐赠支出（日语为“寄付金”）、相关资产损失及坏账准备的税前列支标准以及以前年度亏损的弥补年限等有严格要求。但两国的企业所得税法至少在以下几个方面存在差异：第一，日本法人税法中对税前扣除金额制定扣除标准的项目只有业务招待费、捐赠支出、资产减值损失等几个敏感项目，远少于我国的企业所得税；第二，在费用的扣除凭证上，我国严格遵照凭正规发票税前列支的原则，没有正规发票的话，需要就其金额相应调增应纳税所得额，而日本未导入发票制度，因此并没有相关规定；第三，在以前年度亏损弥补的制度方面，日本允许弥补亏损的年限为9年，长于我国的5年，但允许弥补的亏损金额只是当年企业应纳税所得额的一部分，不同于我国允许用以前年度的亏损弥补当年的所有应纳税所得额的规定。

虽然中日两国的企业所得税法在具体处理上存在诸多差异，但总的来说，日本的法人税在费用扣除方面相较于我国更宽松，允许扣除的范围也更大。

7. 税率

根据2016年法人税法改制概要，法人税税率将由23.9%阶段性地降低到23.2%。其中2016年4月1日以后开始的营业年度适用23.4%的税率，2018年4月1日以后开始的营业年度适用23.2 %的税率。

表4－22　　　　法人税税率表

适用关系		2015年4月1日以后开始的营业年度	2016年4月1日以后开始的营业年度	2018年4月1日以后开始的营业年度
中小法人、一般社团法人等、被判定为公益法人等以及无人格社团等	年800万日元以下的部分	15%	19%（15%）	19%
	超过年800万日元的部分	23.9%	23.4%	23.2%
中小法人以外的普通法人		23.9%	23.4%	23.2%
公益法人等	年800万日元以下的部分	15%	19%（15%）	19%
	超过年800万日元的部分	19%	19%	

续表

适用关系		2015年4月1日以后开始的营业年度	2016年4月1日以后开始的营业年度	2018年4月1日以后开始的营业年度
协同组合等或特定医疗法人	年800万日元以下的部分	15%	19%（15%）	19%
	超过年800万日元的部分	19%	19%	
	特定协同组合等的超过年10亿日元的部分	22%	22%	22%

来源：国税厅——2016年法人税法改制概要

中日对比——异同点

如表4－22所示，日本法人税的适用税率多处于15%—23.9%的区间内，且未来几年出现逐渐下降的趋势。单纯从表4－22来看，日本法人税的适用税率略低于我国企业所得税25%的税率。但由于该表只列示了作为国税部分的法人税税率，除上述法人税外，日本法人税体系中还存在诸多地方法人税。如果将这两部分税负相加，日本法人税的实际适用税率将远超我国的企业所得税基本税率25%。

8. 申报和缴付

日本法人税申报分为年度申报（日语为“确定申报”，即中国的汇算清缴）和中期申报（日语为“中间申报”，即中国的预缴）。

（1）年度申报（日语为“确定申报”）

原则上在其营业年度最后一日的次日开始2个月内（法法74①）向所属税务署长提交年度申报表（法法2三十一）。企业因为亏损不产生应纳税额时，也必须要提交纳税申报表。

如前所述，法人的会计利润并非应税所得额，根据法人税法将会计利润进行纳税调增、调减后计算得出应纳税所得额，进而再计算应纳税额。这些计算过程会体现在年度纳税申报表及其附表里。另外，在年度纳税申报表后必须附带资产负债表、利润表等。

由于会计师需进行审计等原因可延长法人税的征期1个月：

法人税的年度申报征期为其营业年度最后一日的次日开始2个月内。但是资本金达到5亿日元以上的株式会社等法人，由于必须接受日本注册会计师（日语为“日本公认会计士”）的法定审计，且在营业年度最后一日的次日开始2个月内举办股东大会在实际操作层面上存在很大困难，所以公司法允许在3个月以内举办股东大会即可（公司法124）。根据上述情况，由于必须要接受日本注册会计师的法定审计以及其他理由（规定为营业年度最后一日的次日开始3个月以内举办股东大会等）而导致年度申报被推迟，并且被判定为持续性的每个营业年度在法定征期前提交年度申报表有困难的法人，可向所属税务署长提出申请，将纳税期限延长1个月（法法75之2）。

（2）中期申报（日语为“中间申报”）

营业年度超过6个月的法人在营业年度开始日起6个月之后的2个月内必须进行中期申报（法法71）。中期申报有：①以上一年度的实际业绩为基础的中期申报；②根据半年度预决算为基础的中期申报。但原则上采用以上一年度的实际业绩为基础的中期申报（法法72）。

①以上一年度的实际业绩为基础的中期申报，用以下公式计算出的税额作为中期纳税额进行申报。

$$\text{上一营业年度的法人税额} \times \frac{6}{\text{上一营业年度的月数}}$$

②根据半年度预决算为基础的中期申报，将从当期营业年度开始日之后的6个月期间，视为一个营业年度并进行半年度预决算，根据预决算制作中期申报表。

中日对比——异同点

日本的法人税与我国的企业所得税一样，存在税收预缴及年度汇算清缴制度。但日本法人税的预缴次数一般为每年两次（即中期申报与年度申报），而我国由于要求大部分企业按季度进行申报，企业所得税的预缴次数一般为每年四次。同时，我国的企业所得税年度汇算清缴期限为次年的5月31日之前，即企业一般有5个月的时间进行企业所得税的汇算清缴工作，而日本法人税的汇算清缴期限一般为会计年度结束后的2个月之内，最长可申请延期1个月。

9. 青色申报

企业依据法人税法的相关规定，满足如下两个规定即可享受“青色申报制度”。并且，针对选择青色申报的企业，可享受在税法上的各种优惠政策（法法121①）。

①相关法规规定的会计账簿等资料（日记账、明细账、资产负债表以及损益表等）完备，并完整记录相关交易、且完整保存资料（亏损结转相关资料10年、其他7年）。

②向纳税地的所属税务署长提交青色申报申请，并得到认可。

（1）青色申报的审批

准备适用青色申报制度的企业，必须不得晚于在准备提交青色申报表的会计年度开始日的前一日，向纳税地的所属税务署长提交“青色申报适用的审批申请书”（法法122①）。

对新成立的企业来说，如从成立后最初的会计年度开始准备提交青色申报表时，截至如下两者中的最早的日期的前一天，必须向所属税务署长提交申请书（法法122②）。

①企业成立当日开始经过3个整月的当日；

②最初的会计年度结束的当日。

举例说明。前提：2016年8月31日新成立的公司，章程规定会计决算日为12月31日。

①企业成立当日开始经过3个整月的当日：2016年11月30日；

②最初的会计年度结束的当日：2016年12月31日。

所以，此新成立公司如希望在设立年度即适用青色申报制度，提交申请截止日为2016年11月29日。

（2）青色申报所享受的优惠政策

表4-23　　青色申报的相关优惠政策

相关法规		具 体 内 容
法人税法	法法57	在青色申报适用的会计年度产生的亏损，可在下一个会计年度进行结转（最长可结转10年）
	法法80	根据亏损的转回可享受法人税的退税
	法法130①	根据会计账簿的税务调查更正（不包括计算错误的情况）
	法法130②	更正通知书的更正理由的附记
	法法130	原则上不允许核定征收

续表

相关法规		具体内容
租税特别措置法	措法42之5等	特别折旧和加速折旧等特例的适用
	措法55等	各种准备金的税前列支
	措法42之4	企业有试验研究时，法人税额的特别扣除
	措法67之5	中小企业等的小额折旧资产的取得费用的税前列支的特例
	措法67之7	保险公司的红利等部分不作为收入计算的特例
国税通则法	通则75之④	申诉异议或直接审查请求的任意选择

中日对比——异同点

日本的法人税中针对会计核算健全的企业设置了青色申报制度，规定只有进行青色申报的企业才可以享受税法上的某些优惠政策，以此来鼓励企业对自身会计核算制度的完善。我国的企业所得税法中在税收申报方面并未导入这类制度。但我国的企业所得税法中规定，企业可根据自身情况选择适用核定征收方式纳税，同时规定选择适用核定征收的企业不再享受相关的税收优惠政策。从这一点来看，两国的法人税在税收申报制度的设计上存在一定的相似之处。

10. 地方法人税

法人税的纳税义务人即为地方法人税的纳税义务人，地方法人税属于国税。地方法人税的计算方法是法人税额×4.4%。地方法人税与法人税一并申报。

11. 法人住民税

法人住民税属于地方税，包含都道府县住民税和市町村住民税两种，并又分为“所得率（法人税率）”和“均等率”两部分。“所得率（法人税率）”和“均等率”的税率和税额由各个市町村、都道府县各自决定，下面以东京都为例介绍一下具体税率等内容。

东京都的“所得率（法人税率）”的计算方式是，以法人税额为基数再乘以所得率（法人税率），该税率如表4－24。“均等率”的税额主要是按照资本金以及员工人数作为判断标准进行定额征收，具体如表 4－25。

纳税征期，原则上是该营业年度结束后的 2 个月内进行申报缴税。

表 4－24　　所得率（法人税率）的税率表

区　分	2014 年 10 月 1 日以后开始的营业年度	
	非均一征税适用的法人税率（标准税率）	超过税率
在东京 23 区内设有事务所等	12. 9% （相当于道府县民税 3. 2% + 相当于市町村民税 9. 7%）	16. 3% （相当于道府县民税 4. 2% + 相当于市町村民税 12. 1%）
在市町村内设有事务所	3. 2%	4. 2%

来源：东京都主税局——法人都民税概要

表 4－25　均等率的税额判定标准（只在特别区内有事务所等的法人）

法人的区分等			主要的事务所等所在的特别区（道府县 + 特别区）	
			特别区内的员工人数	均等率额
公共法人、公益法人等			7 万日元	
上述以外的法人	资本金等的金额	1 千万日元以下	50 人以下	7 万日元
			超过 50 人	14 万日元
		超过 1 千万日元—1 亿日元以下	50 人以下	18 万日元
			超过 50 人	20 万日元
		超过 1 亿日元—10 亿日元以下	50 人以下	29 万日元
			超过 50 人	53 万日元
		超过 10 亿日元—50 亿日元以下	50 人以下	95 万日元
			超过 50 人	229 万日元
		超过 50 亿日元	50 人以下	121 万日元
			超过 50 人	380 万日元

来源：东京都主税局——法人都民税概要

12. 法人事业税

法人事业税属于地方税，纳税义务人主要是在都内设立事务所等营业场所的法人。法人事业税原则上在该营业年度结束后的 2 个月内与法人住民税和地方法人特别税一起进行申报缴税。

表 4 - 26　　法人事业税税率表

<table>
<tr><th rowspan="2">区分</th><th rowspan="2">法人的种类</th><th rowspan="2" colspan="3">所得区分</th><th colspan="2">2016 年 4 月 1 日—2017 年 3 月 31 日之间开始的营业年度</th></tr>
<tr><th>不均一征税适用法人的税率（标准税率）</th><th>超过税率</th></tr>
<tr><td rowspan="7">所得作为征税标准的法人</td><td rowspan="4">普通法人、公益法人等、无人格社团等</td><td rowspan="4">所得率</td><td rowspan="3">适用减轻税率的法人</td><td>年所得在 400 万日元以下</td><td>3.4%</td><td>3.65%</td></tr>
<tr><td>年所得超过 400 万日元并在 800 万日元以下</td><td>5.1%</td><td>5.465%</td></tr>
<tr><td>年所得超过 800 万日元</td><td rowspan="2">6.7%</td><td rowspan="2">7.18%</td></tr>
<tr><td colspan="2">不适用减轻税率的法人</td></tr>
<tr><td rowspan="3">特别法人</td><td rowspan="3">所得率</td><td rowspan="2">适用减轻税率的法人</td><td>年所得在 400 万日元以下</td><td>3.4%</td><td>3.65%</td></tr>
<tr><td>年所得超过 400 万日元</td><td rowspan="2">4.6%</td><td rowspan="2">4.93%</td></tr>
<tr><td colspan="2">不适用减轻税率的法人</td></tr>
<tr><td rowspan="6">外形标准征税法人</td><td rowspan="6">地方税法第 72 条的 2 第 1 项第 1 号规定的法人（资本金等超过 1 亿日元的普通法人）</td><td rowspan="4">所得率</td><td rowspan="3">适用减轻税率的法人</td><td>年所得在 400 万日元以下</td><td>0.3%</td><td>0.395%</td></tr>
<tr><td>年所得超过 400 万日元并在 800 万日元以下</td><td>0.5%</td><td>0.635%</td></tr>
<tr><td>年所得超过 800 万日元</td><td rowspan="2">0.7%</td><td rowspan="2">0.88%</td></tr>
<tr><td colspan="2">不适用减轻税率的法人</td></tr>
<tr><td colspan="3">附加价值率</td><td>—</td><td>1.26%</td></tr>
<tr><td colspan="3">资本率</td><td>—</td><td>0.525%</td></tr>
</table>

来源：东京都主税局——法人事业税概要

13. 地方法人特别税

2008 年 10 月 1 日以后开始的营业年度，增设了以法人事业税额为基数计算的地方法人特别税。法人事业税的纳税义务人也是地方法人特别税的纳税义务人，与法人事业税一起进行申报纳税。通过税法改制已经决定在 2017 年 4 月 1 日开始的营业年度将废止地方法人特别税的征收。

表 4－27　　地方法人特别税税率表

征税标准	法人的种类	2016 年 4 月 1 日—2017 年 3 月 31 日之间开始的营业年度	2017 年 4 月 1 日以后开始的营业年度
标准法人所得率额	外形标准征税法人以外的法人	43.2%	废止
	外形标准征税法人	414.2%	
标准法人收入率额	—	43.2%	

来源：东京都主税局——地方法人特别税概要

中日对比——异同点

日本的法人税体系中除了属于国税的法人税之外，还存在同为国税的地方法人税以及属于地税的法人住民税、法人事业税等税种。我国的企业所得税体系中除了企业所得税外，未导入类似的地方性税种。这也是中日法人税体系中最大的区别之一。

14. 法人税等[①]的实际税率

一般来说，在考虑法人所承担的综合税负时，由于法人税、法人住民税以及法人事业税等的征税制度不同等原因（如法人事业税可以计提为费用进行税前列支等），并不是将法人税以及法人住民税、法人事业税等的各个税率简单加总后的综合税率，而是要比单纯加总还要小一些。所以将各个税种考虑后的综合税率称为"法人税等的实际税率"，通常利用该税率来考虑法人总体的税负水平。

例如，以在东京都内的、不适用减免税率的、资本金超过 1 亿日元的法人为例，该法人的"法人税等的实际税率"的计算公式如表 4－28。

表 4－28

法人税率	23.4%	事业税超过税率	0.88%
地方法人税率	4.4%	事业税标准税率	0.7%
法人住民税率	16.3%	地方法人特别税率	414.2%

$$\text{实际税率}=\frac{\text{法人税率}\times(100\%+\text{地方法人税率}+\text{住民税率})+(\text{事业税超过税率}+\text{事业税标准税率}\times\text{地方法人特别税率})}{100\%+(\text{事业税超过税率}+\text{事业税标准税率}\times\text{地方法人特别税率})}$$

① 法人税等：法人税、地方法人税、法人住民税、法人事业税和地方法人特别税的总称。

$$= \frac{23.4\% \times (100\% + 4.4\% + 16.3\%) + (0.88\% + 0.7\% \times 414.2\%)}{100\% + (0.88\% + 0.7\% \times 414.2\%)}$$

$$= 30.86\%$$

表4－29为法人税申报表别表1（面向一般企业）首页的表样。向税务机关提交的法人税、地方法人税申报表的具体内容以及申报表的页数等，主要根据法人的资本金等情况具体决定，下述申报表的首页，除了企业的名称等基

表4－29　　　　法人税申报表别表1首页

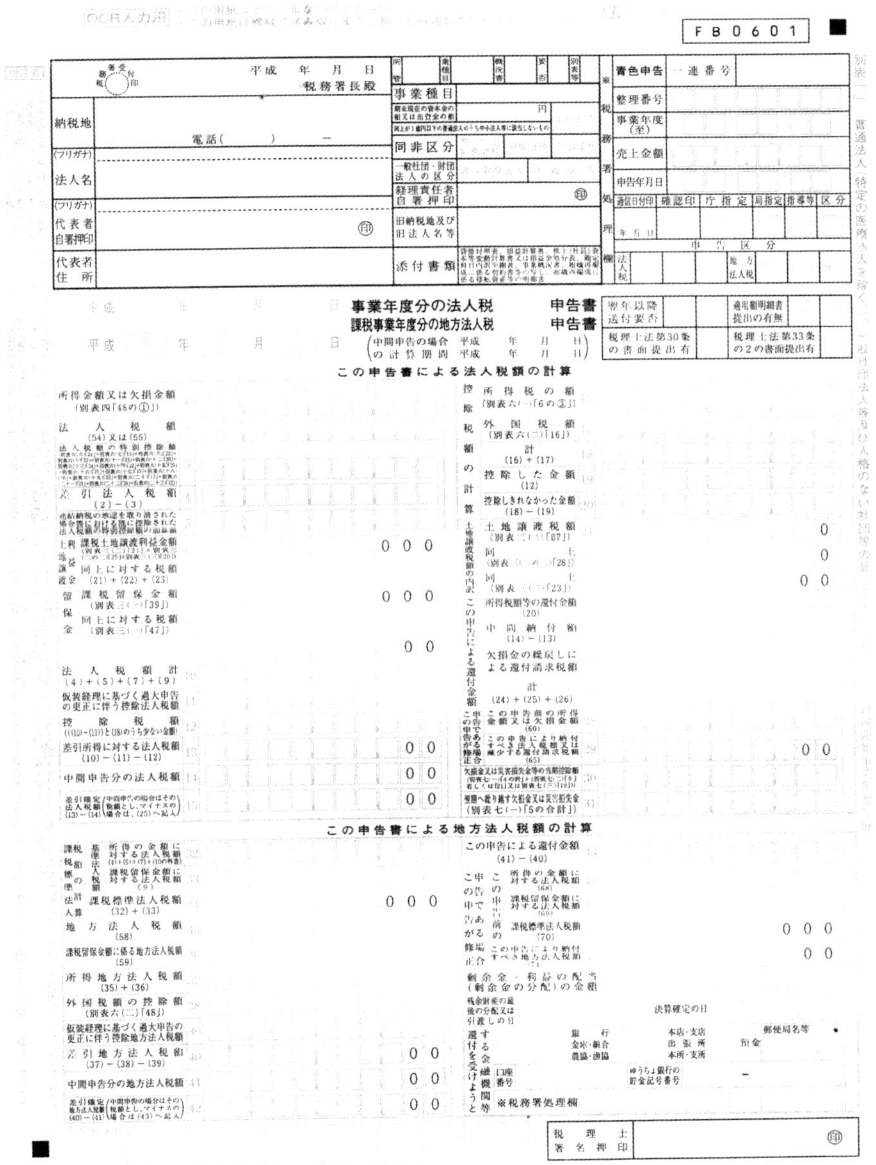
FB0601

平成　年　月　日　税務署長殿

納税地　電話（　）　－

(フリガナ)

法人名

(フリガナ)

代表者自署押印

代表者住所

事業種目

期末現在の資本金の額又は出資金の額　円

同非区分

経理責任者自署押印

旧納税地及び旧法人名等

添付書類

青色申告　一連番号

整理番号

事業年度（至）

売上金額

申告年月日

申告区分

平成　年　月　日　事業年度分の法人税　申告書

平成　年　月　日　課税事業年度分の地方法人税　申告書

この申告書による法人税額の計算

所得金額又は欠損金額（別表四「48の①」）

法人税額（54）又は（55）

差引法人税額（2）－（3）

法人税額計（4）＋（5）＋（7）＋（9）

差引所得に対する法人税額（10）－（11）－（12）

中間申告分の法人税額

この申告書による地方法人税額の計算

所得地方法人税額（35）＋（36）

差引地方法人税額（37）－（38）－（39）

中間申告分の地方法人税額

控除税額の計算

所得税の額（別表六（一）「6の③」）

外国税額（別表六（二）「16」）

計（16）＋（17）

控除した金額（12）

控除しきれなかった金額（18）－（19）

土地譲渡税額

中間納付額（14）－（13）

この申告による還付金額（41）－（40）

剰余金・利益の配当（剰余金の分配）の金額

決算確定の日

還付を受けようとする金融機関等

※税務署処理欄

税理士署名押印

本信息以外，主要记载了应纳税额、已预缴税额、扣除项目的计算、当年应缴（应退）税额以及税理士（相当于中国的注册税务师）的签字等重要内容。

表4－30为法人税申报表别表4的表样。别表4的主要内容为，以当年企业的损益表中的会计税前利润为出发点，在此基础之上进行纳税调增和调减处理，得出当年的应纳税所得额。

表4－30　　法人税申报表别表4

所得の金額の計算に関する明細書（簡易様式）　事業年度　・・　・・　法人名

別表四（簡易様式）　平二十五・四・一以後終了事業年度分

区分			総額 ①	処分 留保 ②	処分 社外流出 ③	
当期利益又は当期欠損の額		1	円	円	配当	円
					その他	
加算	損金経理をした法人税及び復興特別法人税（附帯税を除く。）	2				
	損金経理をした道府県民税（利子割額を除く。）及び市町村民税	3				
	損金経理をした道府県民税利子割額	4				
	損金経理をした納税充当金	5				
	損金経理をした附帯税（利子税を除く。）、加算金、延滞金（延納分を除く。）及び過怠税	6			その他	
	減価償却の償却超過額	7				
	役員給与の損金不算入額	8			その他	
	交際費等の損金不算入額	9			その他	
		10				
	小計	11				
減算	減価償却超過額の当期認容額	12				
	納税充当金から支出した事業税等の金額	13				
	受取配当等の益金不算入額（別表八（一）「15」又は「31」）	14			※	
	外国子会社から受ける剰余金の配当等の益金不算入額（別表八（二）「13」）	15			※	
	受贈益の益金不算入額	16			※	
	適格現物分配に係る益金不算入額	17			※	
	法人税等の中間納付額及び過誤納に係る還付金額	18				
	所得税額等及び欠損金の繰戻しによる還付金額等	19			※	
		20				
	小計	21			外※	
仮計 （1）＋（11）－（21）		22			外※	
関連者等に係る支払利子等の損金不算入額（別表十七（二の二）「25」）		23			その他	
超過利子額の損金算入額（別表十七（二の三）「10」）		24	△		※	△
仮計 （（22）から（24）までの計）		25			外※	
寄附金の損金不算入額（別表十四（二）「24」又は「40」）		26			その他	
法人税額から控除される所得税額及び復興特別法人税額から控除される復興特別所得税額（別表六（一）「6の③」＋復興特別法人税申告書別表二「6の③」）		30			その他	
税額控除の対象となる外国法人税の額（別表六（二の二）「7」）		31			その他	
合計 （25）＋（26）＋（30）＋（31）		34			外※	
契約者配当の益金算入額（別表九（一）「13」）		35				
非適格合併又は残余財産の全部分配等による移転資産等の譲渡利益額又は譲渡損失額		37			※	
差引計 （34）＋（35）＋（37）		38			外※	
欠損金又は災害損失金等の当期控除額（別表七（一）「4の計」＋（別表七（二）「11」若しくは「21」又は別表七（三）「10」））		39	△		※	△
総計 （38）＋（39）		40			外※	
新鉱床探鉱費又は海外新鉱床探鉱費の特別控除額（別表十（四）「40」）		41	△		※	△
残余財産の確定の日の属する事業年度に係る事業税の損金算入額		47	△	△		
所得金額又は欠損金額		48			外※	

御注意

1　沖縄の認定法人の所得の特別控除、国際戦略総合特別区域における指定特定事業法人の課税の特例、認定研究開発事業法人等の課税の特例、組合事業等に係る損失がある場合の課税の特例、対外船舶運航事業を営む法人の日本船舶による収入金額の課税の特例、特定目的会社等又は特定目的信託に係る課税の特例、農業経営基盤強化準備金の課税の特例、農用地等を取得した場合の課税の特例、関西国際空港用地整備準備金の課税の特例、中部国際空港整備準備金の課税の特例及び再投資等準備金の課税の特例の規定の適用を受ける法人にあっては、別様式による別表四を御使用ください。

2　「48」の「①」欄の金額は、「②」欄の金額に「③」欄の本書の金額を加算し、これから「※」の金額を加減算した額と符合することになりますから留意してください。

法　0301－0402

㊌

表 4-31 日本的法人税等和中国的企业所得税对比表

项目	日本法人税等	中国企业所得税
性质	国税（法人税、地方法人税）、地税（法人住民税、法人事业税）、直接税	国税、直接税
计税原理	计税依据是利润，即所得额，而非收入。通常以会计利润为基础，进行税法上的纳税调增和调减处理，得出应纳税所得额	同左
纳税义务人	法人税法规定，法人为纳税义务人。依据总部或者主要办事处的所在地，被区分为居民企业（日语为“内国法人”）和非居民企业（日语为“外国法人”）	《企业所得税法》第一条规定，除个人独资企业、合伙企业不适用企业所得税法外，在我国境内，企业和其他取得收入的组织为企业所得税的纳税人（包括居民企业和非居民企业）
征税范围	◇ 居民企业（日语为“内国法人”）：全球所得 ◇ 非居民企业（日语为“外国法人”）：来源于国内的所得	◇ 居民企业：来源于中国境内、境外的全部所得 ◇ 非居民企业： ◇ 在中国境内设立机构、场所的：来源于中国境内的所得 + 发生在境外但与其所设机构、场所有实际联系的所得 ◇ 未设立机构、场所，或者虽设立机构、场所，但取得的所得与其所设机构、场所没有实际联系：来源于中国境内的所得
税率	法人税、地方法人税以及法人住民税、法人事业税等根据法人类型、所在区域、应纳税额大小等设置复杂且详细的税率表。目前法人税等的综合实际税率为30%以上，且呈现逐步下降的趋势	单一比例税率，简便易行 基本税率：25% 低税率：20%。适用于非居民企业

续表

项目	日本法人税等	中国企业所得税
计税方法	直接计算法：应纳税所得额 = 收益（日语为“益金”）- 损失（日语为“损金”） 间接计算法：应纳税所得额 = 会计利润 + 纳税调增（日语为“益金算入”+“损金不算入”）- 纳税调减（日语为“益金不算入”+“损金算入”）	直接计算法：应纳税所得额 = 收入总额 - 不征税收入 - 免税收入 - 各项扣除 - 以前年度亏损 间接计算法：应纳税所得额 = 会计利润 + 纳税调增 - 纳税调减 无论直接计算法还是间接计算法，中日计税原理一致。区别只在于个别不征税收入、免税收入、各项扣除等具体细节规定上
纳税期限	年度申报（日语为“确定申报”）：原则上在其营业年度最后一日的次日开始2个月内，经申请批准，最长可延期1个月 期中申报（日语为“中间申报”）：营业年度超过6个月的法人在营业年度开始日起6个月之后的2个月内	年度汇算清缴：5月31日 预缴：月份或者季度终了日起15日内
以前年度亏损弥补	10年	5年
青色申报制度	导入青色申报制度：目的是鼓励纳税人规范会计核算	未导入类似青色申报制度，但允许会计核算不健全企业进行核定征收
其他	日本无发票制度	中国注重发票管理，没有正规合法的发票，税法上不允许税前列支

来源：日本消费税法等和中国的《企业所得税法实施条例》等

第四节 消 费 税

1. 消费税概要

消费税是对销售货物、提供服务等消费行为征收的税种，类似于我国的增值税。原则上，消费税的课税对象是在日本国内销售、或从日本国外和保税区进口的货物和服务。

中日对比——异同点

日本的消费税不同于中国的消费税，而是类似于中国的增值税，是对销售货物、提供服务等消费行为普遍征收的一种税。另外，在日本也存在针对个别产品（如烟草、汽油等）征收的税，称为个别消费税，这与我国的消费税相类似。由于日本的个别消费税只针对特定行业的个别产品征收，本章仅从适用范围更广的消费税入手展开论述。

日本的消费税主要针对纳税人在生产经营的各环节中产生的增值额征收。为了避免重复征税，消费税在各环节征收时，允许纳税人对其发生的进项税额进行扣除。也就是说，为了避免在生产、流通等各环节产生重复计税，纳税人在购买环节缴纳的进项税额可以从销售环节产生的销项税额中扣除。从这一点来看，日本消费税与我国增值税的计税原理一致。

（1）消费税是间接税

消费税不同于前述的所得税，其纳税义务人和最终税负承担者是不同的。因此，消费税是间接税。

消费税的纳税义务人通常指在日本境内销售货物、提供服务以及进口货物与服务的法人或个人，但消费税的税负最终并非由该法人或个人承担。对每个纳税人征收的消费税会伴随着销售货物和提供服务的价格不断转移，最终转嫁到消费者身上，由最终的消费者承担。

（2）国家和地方共同拥有税源，国税部门统一征收

消费税分为国税部分和地税部分。现行的国税部分适用税率为6.3%，地税部分适用税率为1.7%，合计按照8%的税率征收消费税。同时，为了方便纳税人申报缴纳消费税，国税部门将包含地税1.7%的部分合并在一起征收，纳税人无须到地税部门，只需到国税部门即可完成消费税的申报和缴付。

2. 纳税义务人和纳税义务的判定

（1）纳税义务人

消费税的纳税义务人分为以下两大类。

- 从事国内交易的纳税义务人：在日本国内从事应税货物、服务等交易的业者（消法5①）。

这里的“业者”是指“个人”和“法人”，其中还包括国家、地方的公共团体、公共法人、公益法人、无法人资格的社团等。“非居民个人”和“国外法人”无论在日本国内有没有住所或经营场所，只要在日本国内从事应税货物、服务等交易，即判定为日本消费税的纳税义务人。

- 从事进口交易的纳税义务人：从国外或保税区购买货物的个人和法人（消法5②）。

从事出口贸易的业者原则上不负担消费税，原因在于日本对出口产品不予征税。

（2）纳税义务的判定

消费税的纳税义务人在基准期间①的应税收入超过1 000万日元时，应申报缴纳消费税（消法9①）。另外，如果其在基准期间的应税收入未达到

---

① 基准期间指个人或法人的纳税义务判定时点的上上个自然年度或上上个会计年度。日本与中国不同，个人通常按照自然年度（公历1月1日至12月31日）会计决算，法人通常按照会计年度（企业可自行章程规定，日本大多企业为公历的4月1日至来年的3月31日）会计决算。

1 000 万日元，但其在特定期间[①]的应税收入超过 1 000 万日元（消法 9 之 2①），同样应申报缴纳消费税（参照图 4－5）。需要注意的是，由于基准期间与特定期间的应税收入会随着时间的推移而变化，因此业者需要在每个年度对其纳税义务进行重新判定，判定自己是否有缴纳消费税的义务[②]。

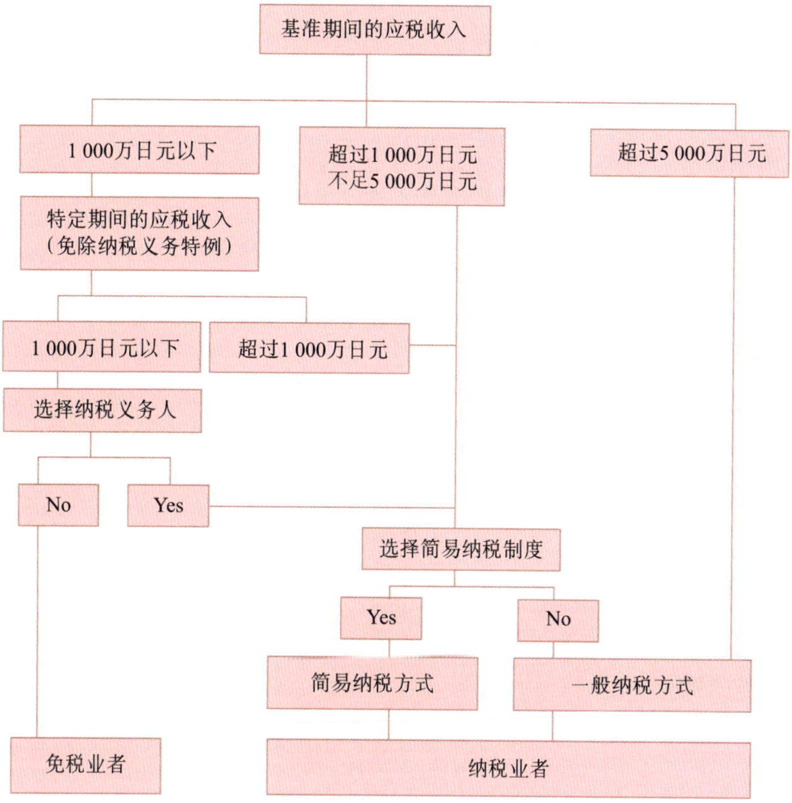

来源：税务大学校．《消费税法（基础篇）》．平成 27 年版

图 4－5　消费税纳税义务的判定概要

① 特定期间一般指个人或法人的纳税义务判定时点的上个自然年度或会计年度的前 6 个月。具体来说，个人的特定期间指上一自然年度的 1 月 1 日到 6 月 30 日，法人的特定期间为上个会计年度开始日以后的 6 个月。但是，如果法人的上个会计年度是短期会计年度，应以上上个会计年度开始日以后的 6 个月作为特定期间来判定纳税义务。除特定期间的应税收入以外，还适用所得税法中规定的工资等的支付额（包括薪金、工资、年薪和奖金以及其他）来判定纳税义务。

② 新成立的法人没有基准期间的应税收入或没有特定期间的应税收入等时，如资本金等在 1 000 万日元或以上的法人，也同时产生纳税义务。

中日对比——异同点

日本的消费税与中国的增值税在纳税义务的判定金额与判定方法等方面存在差异。一方面，日本消费税的起征点为年度应税收入 1 000 万日元（约 60 万元人民币），而我国增值税的起征点最高金额为月销售额 3 万元，低于日本。另一方面，日本的消费税原则上根据上上年度的应税收入的金额对个人和法人的纳税义务统一进行判断，而我国的增值税对个人与法人按照不同的应税收入标准进行判断。从这一点来看，日本的消费税比我国的增值税更公平，在细节的界定上也更宽松。

（3）免税义务人可自由选择是否成为纳税人

考虑到小规模业者的纳税合规成本以及对其征税的监管难度等因素，日本允许对一定经营规模以下的小规模业者免征消费税（即图 4 –5 中的免税业者）。对于消费税的免税义务人来说，在免除消费税纳税义务的同时，不能再享受进项税额扣除等相关规定，进项税额将计入其成本。另一方面，如果消费税的免税义务人从事与出口贸易有关的业务，且希望享受进项税抵扣和出口退税等政策，可选择向税务机关提交申请成为纳税义务人。这样一来，该免税义务人即可成为纳税义务人，并享受相关的进项税抵扣及出口退税等政策。但是，一旦申请成为纳税义务人，必须连续两年进行申报纳税。

中日对比——异同点

在一定的情况下，日本消费税允许免税义务人根据自己的实际情况选择是否申请成为纳税义务人，并享受纳税义务人可以享受的诸如进项税抵扣、出口退税等政策。这是日本消费税的一个重要特点，而中国的增值税并没有类似的灵活规定。

3. 征税对象

（1）征税对象

消费税的征税对象包括业者在国内销售的所有货物、服务以及从国外或保税区取得的货物（消法4①、②）。如果一项交易符合以下四个条件：①在国内进行的交易；②业者是以经营为目的而进行的交易；③获得等价交换；④存在商品、动产、不动产等资产的转让、租赁或者提供服务，则满足消费税的征税标准，需要征收消费税（消法2①八、4①）。

按照这一标准，在国外提供的交易以及虽在日本国内进行、但不是由业者提供的交易，则不包含在消费税的征税范围之内。另外，即使是消费税的征税对象，如果属于非征税交易或免税交易的范畴，同样不征或者免征消费税。图4－6列示了征税对象和交易之间的关联情况。

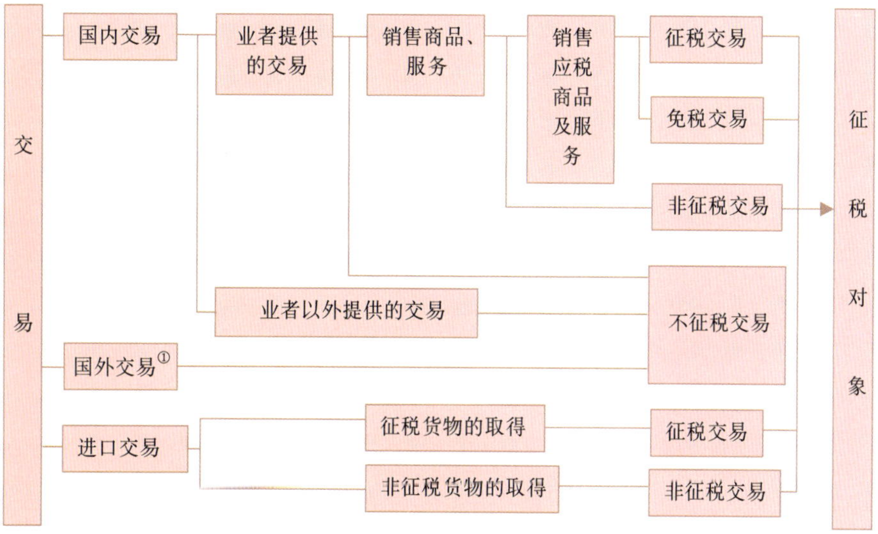

来源：税务大学校．《消费税法（基础篇）》．平成27年版

图4－6　征税对象和交易之间的关联

如图4－6所示，消费税是针对在国内发生的货物销售、服务提供等行为而计征的税，对在国外发生的消费行为一般来说不予征税，因此消费税对于出口交易等实行免税。

以下是对图4－6中的“非征税交易”、“免税交易”以及“不征税交易”等概念的说明。

（2）非征税交易

在纳税人的交易行为（包括国内交易和进口交易）中，存在不属于消费行为而不用列入消费税的征税范围（消费税是对消费者的消费行为征

① 2015年10月1日以后，通过电信通讯线路进行的特定交易（提供电信通讯使用服务），按照接受服务者的住址等来判定是国内交易还是国外交易。同时采用反向征收方式。

税，最终由消费者负担）或交易本身属于消费行为，但从社会政策角度考虑不应将其列入消费税征税对象（如公益性的经营活动）的情况，这部分交易称为非征税交易。按照规定，这部分交易不征收消费税（消法6①、②）。

图4－7列示了国内交易中“非征税交易”的基本情况。另外，进口交易为了与国内交易取得平衡，将进口交易中从保税区取得有价证券等、邮票类、印花、证书、物品邮票等、残疾人用品、教学用书等7种行为判定为非征税交易。

交易

- 由于不属于消费行为而不作为征税对象
  - ① 土地的转让与出租※1
  - ② 有价证券、支付手段的转让等※2
  - ③ 以获取利息为目的的贷款等※3
  - ④-1 邮票、印花等的转让
  - ④-2 购物卡、预付卡等的转让
  - ⑤-1 行政手续费等※4
  - ⑤-2 外汇等
- 从社会政策角度考虑的公益性经营活动
  - ⑥ 社会保险医疗等※5
  - ⑦-1 根据看护保险法提供的家居服务等※6
  - ⑦-2 社会福利事业等
  - ⑧ 与生育有关的资产转让
  - ⑨ 埋葬费、火葬费
  - ⑩ 残疾人用物品的转让、租赁等
  - ⑪ 入学金、授课费、学费、设施费等以及在学证明等手续费等
  - ⑫ 学校教育法规定的教学用书的转让
  - ⑬ 住宅的出租

※1 包括存在于土地上的权利的转让与出租。不包括租期不足1个月的土地出租以及建筑物、停车场、其他设施一同出租时的土地出租。

※2 包括类似于有价证券的转让。类似于有价证券主要指：国债、地方债、公司债、贷款、存款、欠款等。有价证券主要指：国债、地方债、公司债、新股预约权证券、股票、日本银行等发行的出资证券等。支付手段主要指：汇票、期票、货币、支票、信用证等。

※3 例如国债、地方债、公司债、新股预约权证券、存款以及贷款的利息等。

※4 主要指国家、地方等行政部门根据相关法规收取的行政手续费。

※5 主要指公共医疗保险制度中疗养、医疗、修养等。

※6 主要指针对需要在家提供看护、康复等服务。

图4－7 国内交易中的“非征税交易”

（3）免税交易

消费税从只针对在国内消费的货物、服务征税的观点考虑，对出口并

在国外消费的货物、服务以及国际通讯、国际运输等类似于出口交易的行为，按照国际惯例免征消费税（消法 7、8）。

免税交易如下：

①出口免税（包括类似于出口免税的交易）（消法 7①）；

②在出口物品销售场所（免税店等）的出口物品的转让（消法 8①）；

③其他免税（根据消费税法以外的法律的规定）。

中日对比——异同点

日本消费税中的非征税规定、免税规定与我国增值税中的免税规定、零税率规定在计税原理方面相类似。在我国，适用增值税免税的交易行为原则上不允许抵扣与交易相关的进项税额，即要求对这部分进项税额作转出处理，而适用零税率规定的交易行为不仅在销项税额的计算上适用零税率，且与之对应的进项税额也允许从销项税额中抵扣。基于这一点，适用零税率比适用免税对企业更有利。同理，在日本，适用消费税的免税规定比非征税规定的税负更低，更有利于企业。

（4）不征税交易

表 4 - 32 不征税交易类型

不征税交易	上班族的自家用车的转让	业者不是以经营为目而进行的交易，所以不征税
	捐赠、红包、补助金等	一般来说并不是按照等价交换而进行的交易，原则上不征税
	试用品、样品的提供	只要是无偿提供，即可不征税
	保险金、共济金的领取	不属于商品、动产、不动产等资产的转让、租赁或者是劳务提供
	股息、红利的分配等	作为股东以及出资者的角色被支付的这部分不征税
	资产的处置、盗窃、丢失	不属于商品、动产、不动产等资产的转让、租赁或者是劳务提供
	损失赔偿金	对于心身或者是资产上造成的损失部分不征税
	国外交易	不是在国内进行的交易，所以不征税

来源：税务大学校.《消费税法（基础篇）》. 平成 27 年版

中日对比——异同点

从征税范围来看，日本消费税的征税范围不如我国增值税的征税范围宽泛。尤其是近年来我国实施“营改增”改革以来，我国将包括销售货物、服务、无形资产、不动产等交易行为全部纳入了增值税的征收范围，只对一小部分交易适用免税、零税率或不征税的规定。在只考虑征税范围的前提下，日本的消费税负要低于我国的增值税。

4. 计税依据和税率

（1）计税依据

在日本，国内交易中消费税的计税依据是应税货物销售或者服务提供的对价额，即作为应税货物销售或者服务提供的对价，收到的或应该收到的所有货币、货物权利形式或其他经济利益的金额。需要注意的是，应征收的消费税额需要从消费税的计税依据中扣除，即消费税的计税依据是不包含消费税的销售额。另外，消费税的计税依据中虽然不包含消费税和地方消费税，但是酒税、烟税、石油税等个别消费税包含在内。

消费税的计税依据详见图 4－8。

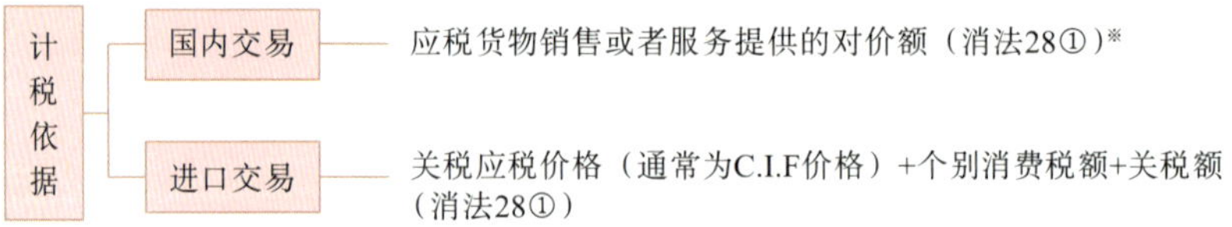

※1. 不包含相当于消费税额以及地方消费税额的金额。

2. 包含个别消费税（酒税等）的金额。

来源：税务大学校.《消费税法（基础篇）》. 平成 27 年版

图 4－8　消费税计税依据

（2）消费税的税率

现行税率为 8%，2017 年 4 月 1 日起将调整到 10%。但是根据 2016 年 5 月 28 日的日本官方最新消息，日本首相安倍晋三以全球经济面临重大风险，增税可能打压国内居民消费从而造成经济下行风险为由，作出了把消费税税率提高至 10% 的实施时间推迟至 2019 年 10 月的决定。

表 4-33 消费税税率变化

适用时点	截止到 2014 年 3 月 31 日	现行 从 2014 年 4 月 1 日起	从 2017 年 4 月 1 日起
国家消费税率	4.0%	6.3%	7.8%
地方消费税率	1.0%	1.7%	2.2%
合计	5.0%	8.0%	10.0%

中日对比——异同点

日本的消费税与我国的增值税在税率设计上存在较大差异。总的来说，日本的消费税对所有属于消费税征税对象的交易行为统一按 8% 的税率征收。即使是选择适用简易纳税方法的纳税人，也适用 8% 的税率。相对而言，我国增值税的适用税率档次偏多，适用对象的区分也较复杂。具体来看，我国的增值税针对不同的交易实质，分别设计了 3%、5%、6%、11%、13% 和 17% 等多档税率，交易实质不同，适用的税率也不同。同时，选择简易纳税方法的纳税人以及中国特有的小规模纳税人，均要适用单独的税率征收制度。可以说，日本的消费税更符合一般消费税的范畴，相比之下，我国增值税对不同行业分别征税的色彩更浓厚些。

5. 计税方法及进项税额的扣除

（1）消费税纳税额的计算

由于消费税是对生产、流通、销售等各个环节的交易行为征收的流转税，为了排除各个交易环节中累积的税负，并保证税负最终由消费者负担，在计算应纳税额的过程中，准予从销项税额中扣除进项税额。在计算税额时，通常以纳税年度（原则上个人是一个自然年度，法人是一个会计年度）的计税依据（即销售额）乘以税率后的金额（即销项税额），扣除同一纳税期间的“应扣除的税额”（即进项税额）之间的差额作为消费税的应纳税额。

（2）进项税额扣除

进项税额的计算主要是根据在纳税年度的应税收入是否超过了 5 亿日元，或者即使是在 5 亿日元以下，但其应税收入比例是否在 95% 以上等条件来具体判定（消法 30②）。

从图4－9可以看出，纳税年度的应税收入在5亿日元以下、且其应税收入占收入总金额的比例在95%以上的业者，可以享受进项税的全额扣除（消法30①）。纳税年度的应税收入超过5亿日元或者是应税收入比例未达到95%的业者，其进项税不得享受全额扣除，只有应税货物的转让等所对应的进项税额可以享受扣除（消法30②）。

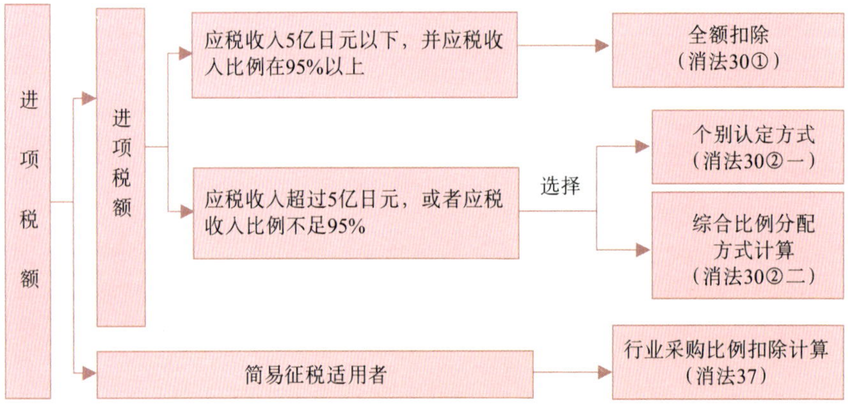

来源：税务大学校．《消费税法（基础篇）》．平成27年版

图4－9　进项税额计算方法的区分

中日对比——异同点

日本的消费税在判断进项税额是否可以全额扣除时，不但要依据纳税人的应税收入占收入总金额的比例，而且对应税收入的金额也有一定的要求。当应税收入超过一定金额或比例后，纳税人不再享受进项税的全额扣除。而我国的增值税在计算进项税额的扣除比例时，更多关注纳税人的销售行为是混合销售行为还是兼营销售行为，应税收入总金额的高低对于进项税额的抵扣比例不会产生影响。

（3）发票、收据（Invoice）

日本的消费税不适用发票（Invoice）制度。在抵扣进项税额时，不需要提供专门的抵扣凭证，进项税的计算一般以账簿记载的购入金额为准。

由于中国、韩国以及欧美国家均实施发票制度，日本也在探讨是否导入发票制度，并考虑只有登记为“合规收据发行业者”的企业开具的“合规收据类（Invoice）”才可以作为进项税额的抵扣凭证，这就意味着大多数的企业需要登记为“合规收据发行业者”。也就是说不能开具“合规收据类(Invoice)”的企业由于不能提供可以进项税额扣除的发票（Invoice），可能会发生妨碍企业业务开展的情况。但是，目前还未有任何相关税法改制。

中日对比——异同点

日本消费税与中国增值税间最明显的一个区别在于对进项税额抵扣凭证的规定上。日本在消费税的抵扣方面，不存在税务局发行的统一模板的发票及相关的发行和验证系统。通常情况是企业各自制作相关收据等提供给对方，该收据上合理地记载了企业名称、交易内容、金额等重要信息并予以保存，即可享受消费税的进项税额扣除。而中国在增值税发票的管控上非常严格，不符合规定的发票以及发票未验证成功前，不得从销项税额中扣除。

（4）简易征税制度

对于应税基准期间的应税销售额在5 000万日元以下的中小企业，为了减轻其纳税负担，根据其自行选择，可以允许以应税收入为基准计算进项税扣除额的简易征税方式（消法37①）。另外，选择简易征税制度时，需要事先备案。申请选择简易征税制度后，在后续的两年中不能变更纳税方式。在简易征税的计算中，根据企业的类型不同，参照的视同进项抵扣比例也不同。

表4－34　视同进项比例

行业区分	视同采购比例	对应的相关行业
第一种（批发）	90%	批发行业
第二种（零售业）	80%	零售行业
第三种（制造业等）	70%	农业、林业、渔业、矿业、建筑业、制造业（包括制造零售业）、电器业、燃气业、热能以及水能供给业
第四种（饮食行业等）	60%	第一种、第二种、第三种以及第五种以外的行业
第五种（服务行业）	50%	从第一种到第三种的行业以外的房地产业、运输通讯业、服务业

来源：一般财团法人．大藏财务协会．《图解消费税》．平成27年版

中日对比——异同点

在简易征税方面，日本消费税中规定的应纳税额的计算方法不同于中国的增值税。在日本，消费税的纳税人即使选择简易征税方式，也要依据常规的方法按照8%的税率分别计算销项税额与进项税额，并根据两者的差额纳税，但是在计算进项税额时，允许适用上述视同进项比例扣除的规定，即按照上述视同进项比例抵扣进项税额。相比之下，中国的增值税对简易征税方法的规定更简单，不需要考虑进项税额的扣除部分，直接用纳税人的应税收入乘以单独的适用税率即可作为增值税的应纳税额。

6. 申报和缴付

纳税人应税期间的申报以及缴付手续按照以下方式进行。

（1）国内交易

①年度申报（日语为“确定申报”）：纳税企业在纳税年度期末日的次日开始2个月内须向税务局署长提交年度申报表并缴纳申报表上记载的消费税额（消法45、49）。

个人的申报纳税期限为纳税年度第二年的3月31日（消措法86之4①）。

②中期申报（日语为“中间申报”）：

A. 依据上一年度的纳税申报税额进行中期申报

消费税的课税年度原则上，个人是一个自然年度，法人是一个会计年度。但是考虑到消费税有代收的性质，日本设置了中期申报制度。

法人的纳税年度是一个会计年度时，根据其纳税年度的前一个纳税年度所确定的消费税额，按照表4－35的中期申报次数，在各个中期申报纳税期间的期末日的次日开始2个月以内，进行申报纳税（消法42①、④、⑥）。

B. 根据预决算进行中期申报

应该提交中期申报的业者，以其各自的中期申报纳税期间为一个纳税年度，根据计税依据额计算应纳税额，并可以根据这些金额计算中期申报税额（消法43、48）。

（2）进口交易

原则上，从保税区购入应税货物的购买人在取货时，应向海关申报并缴纳消费税（消法47①、50①）。

表 4－35　　中期申报纳税次数

前一个纳税年度确定的消费税额※	中期申报次数	中期申报的纳税期间	中期申报税额
超过4 800万日元	11次	纳税年度开始按月划分各个纳税期间（每月中期申报）	相当于前一个纳税年度的消费税的1/12的税额
超过400万日元4 800万日元以下	3次	纳税年度开始按每三个月划分各个纳税期间（3个月中期申报）	相当于前一个纳税年度的消费税的3/12的税额
超过48万日元400万日元以下	1次	纳税年度开始按每6个月划分各个纳税期间（6个月中期申报）	相当于前一个纳税年度的消费税的6/12的税额
48万日元以下	不需要中期申报		

※该消费税额不包含地方消费税额。

中日对比——异同点

如上所述，日本消费税的纳税期限为纳税期满之日起的2个月，而中国增值税的纳税期限一般是纳税期满之日起的15日。同时，中国的增值税要求月度申报，不存在年度申报，即汇算清缴的概念。在这两点上，两国的税制存在差异。

表 4－36　　日本的消费税和中国的增值税比较表

项　目	日本消费税	中国增值税
类型	消费型增值税①	消费型增值税
性质	国税（和地方共同拥有税源）、间接税、流转税（日语为“流通税”）、价外税	国税、间接税、流转税、价外税

① 增值税按对外购固定资产处理方式不同，可划分为生产型增值税、收入型增值税和消费型增值税。消费型增值税是指计算增值税时，允许将当期购入的固定资产价款一次全部扣除，作为课税基数的法定增值额相当于纳税人当期全部销售额扣除外购的全部生产资料价款后的余额。

续表

项 目	日本消费税	中国增值税
计税原理	◇ 对纳税人在生产经营的各环节中产生的增值额计税 ◇ 先按全部销售额计算税款后，再实行税款抵扣制度（即对以前生产经营环节已纳税款予以扣除） ◇ 最终消费者是全部税款的承担者，但中间各生产经营环节的参与者作为纳税人履行纳税申报义务	同左
征税范围	◇ 国内交易：销售商品、提供服务等 ◇ 进口交易：进口货物 ＊存在免税交易和不征税交易等的具体规定	◇ 销售货物 ◇ 提供加工和修理修配劳务 ◇ 提供应税服务 ◇ 进口货物 ＊存在免税交易和不征税交易的具体规定
纳税义务人	从事上述征税范围内的交易或者劳务的业者（包括居民个人和居民企业以及“非居民个人”和“国外企业”）	与日本税法规定基本一致。 凡在中华人民共和国境内销售货物或者提供加工、修理修配劳务和应税服务以及进口货物的单位和个人（包括居民和非居民）
纳税义务人的分类	日本税法对于消费税纳税义务人并没有作名称上的区分，但是根据应税销售额等条件的不同，也存在一般征税方法和简易征税方法	一般纳税人：凭发票扣税 小规模纳税人：简易征收
起征点	日本消费税起征点的适用范围没有限制 起征点：基准期间等应税收入1 000万日元（约60万元人民币）	中国增值税起征点的适用范围限于个人，不包括认定为一般纳税人的个体工商户 起征点最高金额：月销售额3万元
税率	单一税率 ◇ 2014年4月1日起：8% ◇ 2017年4月1日起：10%[①]	多档税率 ◇ 基本税率：17% ◇ 低税率：5%、6%、11%、13% ◇ 征收率：3%

① 根据2016年5月28日日本官方的最新消息，10%税率会延期至2019年10月开始实施。

续表

项　目	日本消费税	中国增值税
计税方法	应纳税额 = 当期销项税额 - 当期进项税扣除额 当期进项税扣除额适用情况： 一般计税方法 ◇ 应税收入5亿日元以下、且计税收入比例95%以上：进项税全额扣除 ◇ 应税收入超过5亿日元、或应税收入比例不足95%：个别扣除或综合比例分配扣除 简易计税方法[①] ◇ 分行业进项税比例扣除	◇ 一般计税方法：当期应纳增值税额 = 当期销项税额 - 当期进项税额 ◇ 简易计税方法：当期应纳增值税额 = 当期销售额 × 征收率 ◇ 扣缴计税方法[②]：应扣缴税额 = 接受方支付的价款/（1 + 税率）× 税率
纳税义务发生时间	销售货物或者应税劳务：原则上为应税货物销售或者租赁以及服务提供时，基本上和所得税法或者法人税法中收入确认时点一致 如果所得税或者法人税申报时，允许分期收款确认或者按照完工百分比等方法确认收入的话，消费税也可以与所得税或者法人税的处理口径保持同步	销售货物或者应税劳务：收讫销售款或取得索取销售款凭证的当天；先开具发票的，为开具发票的当天 进口货物：报关进口的当天
纳税期限	年度申报（日语为“确定申报”）： ◇（企业）纳税年度期末日的次日开始2个月内。 ◇（个人）纳税年度的次年的3月31日。 中期申报（日语为“中间申报”）： ◇ 各个中期申报纳税期间的期末日的次日开始2个月内。中期申报次数根据前一年度纳税额而有所不同，即在日本消费税会出现月度申报、季度申报、半年度申报、和年度一次性申报的不同情况	纳税期限：1日、3日、5日、10日、15日、1个月或者1个季度，具体以主管税务机关根据纳税人应纳税额的大小分别核定，实务中以1个月为纳税期限、自期满之日起15日内申报纳税的企业最为常见

① 适用简易计税方法必须满足以下两个条件：（1）当期应税收入5 000万日元以下；（2）向所属税务署长提交备案书。

② 境外单位或者个人在境内提供应税服务，在境内未设有经营机构的，扣缴义务人按照上述公式计算应扣缴税额。

续表

项　目	日本消费税	中国增值税
退税	如果当期进项税额大于销项税额，当期年度申报后即可税金退回	如果当期进项税额大于销项税额，其留抵税额结转下期抵扣，当期不予以退回
会计处理	期末会计处理为不含税处理。含税处理和不含税处理上，虽然缴纳的消费税金额一致，但是期中的会计处理时，可以选择按照含消费税的金额确认收入和成本，也可以选择按照不含消费税的金额确认收入和成本	不含税处理，即中国会计处理时确认的收入和成本均为不含增值税的金额
其他	未引入发票制度	发票制度，即只有凭经税务局认证的增值税专用发票才允许进项税额抵扣

来源：日本消费税法和中国《增值税暂行条例》

第五节
印 花 税

1. 印花税概要

印花税（日语为“印纸税”）是对经济交易过程中发生的制作文书行为课征的一种税。从税收分类来看，印花税属于流转税（日语为“流通税”）。由于印花税的课税对象主要是合同、字据、账簿等特定文书，因此，印花税又被称为文书税。

2. 印花税的课税范围和税率

印花税的课税对象是文书，但并不是所有的文书都课征印花税。印花税的课税范围仅限于在印花税纳税申报表中列举的文书类别，未在申报表中列示的文书类别，即使与财产的新设、转移等有关，也无须对其课税。另外，对国家和地方公共团体制作的文书免征印花税。

印花税的税率可分为两种：

①根据文书记载的金额分级征收的印花税；

②根据文书的数量或册数征收的定额税。

表 4 - 37 以不动产转让合同为例，介绍一下所需缴纳的印花税。

3. 纳税义务和纳税义务人

印花税的纳税义务发生在课税文书的制作时点，课税文书的制作人是印花税的纳税义务人。如果一个课税文书由 2 人以上共同完成（如销售合

表 4－37　涉及不动产转让合同的印花税金额表（一次交易或者一份合同）

<table>
<tr><th>合同金额</th><th>原则</th><th>2014 年 4 月 1 日～2018 年 3 月 31 日</th><th>1997 年 4 月 1 日至 2014 年 3 月 31 日</th><th>征税范围外的合同</th></tr>
<tr><td>1 万日元以上 10 万日元以下</td><td>200 日元</td><td rowspan="2">200 日元</td><td rowspan="5">—</td><td rowspan="12">不满 1 万日元</td></tr>
<tr><td>10 万日元以上 50 万日元以下</td><td>400 日元</td></tr>
<tr><td>50 万日元以上 100 万日元以下</td><td>1 千日元</td><td>500 日元</td></tr>
<tr><td>100 万日元以上 500 万日元以下</td><td>2 千日元</td><td>1 千日元</td></tr>
<tr><td>500 万日元以上 1 千万日元以下</td><td>1 万日元</td><td>5 千日元</td></tr>
<tr><td>1 千万日元以上 5 千万日元以下</td><td>2 万日元</td><td>1 万日元</td><td>1 万 5 日元</td></tr>
<tr><td>5 千万日元以上 1 亿日元以下</td><td>6 万日元</td><td>3 万日元</td><td>4 万 5 千日元</td></tr>
<tr><td>1 亿日元以上 5 亿日元以下</td><td>10 万日元</td><td>6 万日元</td><td>8 万日元</td></tr>
<tr><td>5 亿日元以上 10 亿日元以下</td><td>20 万日元</td><td>16 万日元</td><td>18 万日元</td></tr>
<tr><td>10 亿日元以上 50 亿日元以下</td><td>40 万日元</td><td>32 万日元</td><td>36 万日元</td></tr>
<tr><td>50 亿日元以上</td><td>60 万日元</td><td>48 万日元</td><td>54 万日元</td></tr>
<tr><td>合同中没有记载交易金额</td><td>200 日元</td><td>200 日元</td><td>200 日元</td></tr>
</table>

来源：2015 年 4 月最新的印花税税率一览表（部分）

同），制作人要对文书应缴纳的印花税负连带纳税义务。

4. 印花税的缴纳

原则上，印花税的缴纳采取在课税文书上贴印花的方式。文书的制作人在文书完成时，要贴上与税额同等金额的印花，同时由制作人盖章或签字以确认缴税。但除此之外，印花税的缴纳也存在如下直接用现金缴付的情况。

（1）税务部门盖章的方式

如果课税文书过多，可以选择不贴印花，直接在交纳现金后由税务部门盖章或开具证明的方式来缴税。

（2）印花税缴纳仪

为了省掉贴花的麻烦，纳税人可以在税务署长批准后，通过印花税缴纳仪来缴纳印花税。

除此之外，纳税人还可以通过申报纳税的方式来缴纳印花税。如果纳税人每月都要连续做同一样式的课税文书、或在特定某一天要做大量的课税文书（如保险证券等），允许纳税人在获税务署长批准后，在课税文书的发行时自行申报缴纳印花税。另外，在每年的 4 月 1 日，日本会根据现有的银行账户数量，采用申报纳税的方式对银行存折课征印花税。

在出现纳税人未按照税法规定正常缴纳印花税的情况下，如果纳税人自行发现且主动补交印花税的话，缴纳税款为原应纳税额的 1.1 倍。若不是自行主动申报，一经发现，需要补交原税额 3 倍的税金。

第六节
固定资产税、 都市计划税、 不动产取得税、 不动产登记税

1. 固定资产税

固定资产税是指对土地、房屋、清偿用资产的所有人所征收的税金。

表 4－38　　固定资产税概要

课税对象	土地、房屋以及清偿用资产 （土地：1 亿 7 912 万件、房屋：5 850 万栋）
课税主体	全部市町村（在东京都 23 区内的由东京都课税）
纳税义务人	土地、房屋以及清偿用资产的所有人 （即土地、房屋为登记簿上的不动产所有权人等、清偿用资产的申报所有权人等需在固定资产计税台账上登记，并且缴税） （土地：4 004 万人、房屋：4 038 万人、清偿用资产：419 万人）
课税标准	价格（公允市价） ※ 土地以及房屋每 3 年进行一次价值评估（2015 年为评价年度）
税　率	标准税率为 1.4%
免税额度	土地：30 万日元、房屋：20 万日元、清偿用资产：150 万日元
计税日	每年 1 月 1 日
税收贡献	8 兆 5 624 亿日元 （土地 3 兆 3 740 亿日元、房屋 3 兆 6 484 亿日元、清偿用资产 1 兆 5 400 亿日元）

来源：总务省官方网站 http：//www.soumu.go.jp/main_sosiki/jichi_zeisei/czaisei/czaisei_seido/ichiran01.html

（1）征税对象

固定资产税的征税对象是作为固定资产的土地、房屋以及清偿用资产。如果是土地或房屋，不论资产是否营业用资产都为课税对象。而对于清偿用资产，如果是非营业用资产则不被认定为课税对象。另外，对于清偿用资产，如果在纳税日（即每年 1 月 1 日），作为固定资产存在的话，该资产的所在地的市町村将其认定为当年度的课税对象。

（2）课税主体

固定资产税由于是市町村税种，所以课税对象原则上是固定资产所在地的市町村。但在东京都的特别区（东京都所辖 23 区）内，东京都作为固定资产税以及其他税种的课税主体。

（3）纳税义务人

固定资产税原则上是对固定资产的所有人进行课税。而固定资产的所有人是指在登记簿以及固定资产计税台账中登记的土地以及房屋的持有人。而对于清偿用资产，则是指在清偿用资产计税台账中所登记的资产所有人。

（4）计税标准

固定资产税的计税标准，原则上是固定资产的公允价格。固定资产公允价格的认定，以市町村长根据总务大臣颁布的固定资产评估标准而确定的价格为准。

固定资产的评估，原则上是由市町村中的固定资产评估员基于总务大臣颁布的固定资产评估标准，通过实地调查来进行的。而市町村长基于上述的调查评估结果在每年的 3 月 31 日确定固定资产的公允价格。

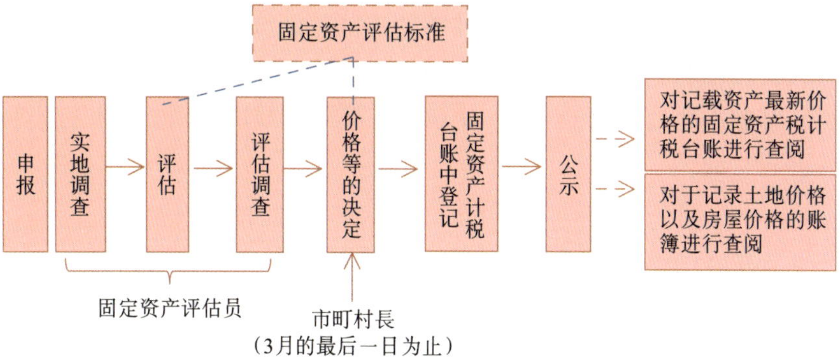

来源：《固定资产税概说》（2015 年度版），固定资产税务研究会 2015 年 8 月 1 日发行，P. 222

图 4－10　评估以及价格确定的流程图

对于相关公共事业、住宅用地、受灾住宅用地等项目，按课税标准特别规定处理。以住宅用地为例，课税标准为价格的三分之一（对于仅满足日常生活最低限度必要的小规模住宅用地按照六分之一）。

（5）税率

固定资产税的标准税率为 1.4%。地方行政团体根据其财政以及其他的需要发生时可以调整此标准税率。

（6）免税金额

固定资产税中有对于免税金额的规定。对于同一所有人在同一市町村的区域内拥有所有权的所有土地、房屋以及清偿用资产的应纳税金额，土地在 30 万日元以下，房屋在 20 万日元以下，清偿用资产在 150 万日元以下的，无须缴纳固定资产税。但是如果是因财政上的特别需要，市町村可以根据制定的条例，对上述金额以下的资产征收固定资产税。

（7）计税日

固定资产税是从当该年度的 1 月 1 日开始计算的。课税对象、课税主体、纳税义务人、课税标准等都要在每年 1 月 1 日被确定。

（8）征收方法和缴付期限

一般通过普通征税的方法予以征收，即征税人员将纳税通知书交付给纳税义务人的方式来征收税金。原则上，市町村根据自己制定的条例将固定资产税的缴付期限规定为 4 月、7 月、12 月以及 2 月。由于灾害或者是其他不得已的理由可将固定资产税的缴付期延长。

2. 都市计划税

原则上，对于在都市计划区域中的市区化区域内的土地所有权人，应按照其土地以及家用房屋的价格（与固定资产税相同的课税标准）为课税标准，征收不超过 0.3% 的都市计划税。都市计划税原则上是和固定资产税合并进行的。

3. 不动产取得税

不动产取得税是指对于取得不动产的不动产所有人所征收的税金，标准的税率为 4%①。

---

① 2008 年 4 月 1 日至 2018 年 3 月 31 日为止住宅及住宅用地的税率为 3%。

表 4－39 都市计划税概要

课税对象	原则上市区化区域内的土地和房屋 （土地：4 169 万件、房屋：2 981 万栋）
课税主体	有城市规划范围内的市町村 （课税的市町村数 651 个/市町村总数 1 720 个）
纳税义务人	土地或房屋的所有人 （土地：2 110 万人、房屋：2 618 万人） ※ 与固定资产税合并征收
课税标准	价格（公允市价） ※ 固定资产税的课税标准相当的价格
税　　率	税率最高为 0.3%
免税金额	土地：30 万日元、房屋：20 万日元
计税日	每年 1 月 1 日
税收贡献	1 兆 2 267 亿日元 （土地：6 725 亿日元、房屋：5 542 亿日元）

来源：总务省官方网站 http：//www. soumu. go. jp/main_ sosiki/jichi_ zeisei/czaisei/czaisei_ seido/ichiran01. html

表 4－40 不动产取得税概要

课税主体	作为行政主体的都道府县
纳税义务人	不动产的取得人
课税方式	课税对象：不动产的取得 征收方法：根据通常的征收方法予以征收
课税标准	对于固定资产的课税以固定资产计税台账中登记的固定资产评估价格为准）
税率	标准税率 原则上为 4% 〈特别（优惠）税率〉 住宅及住宅用地的价格的 3%（2018 年 3 月 31 日为止）
课税标准以及特别税收措施	〈住宅以及住宅用地的特别税收措施〉（1954 年开始） 根据课税标准以及特别税收措施，对于在都市区中的普通独栋住宅以及住宅用地实质上不课税 关于住宅特别课税标准 新建住宅→可免除 1 200 万日元 旧住宅→根据住宅建筑的时间最高可免除 1 200 万日元。 关于住宅用地的税额减免措施（新建以及旧建筑都可） 以 150 万日元或者以 2 倍于地基面积（最高不超过 $200m^2$）相同土

续表

课税主体	作为行政主体的都道府县
课税标准以及特别税收措施	地价格中的高者乘以税率并在此金额上予以减税 〈关于住宅用地·商业用地等特别规定〉(1994 年开始) • 对于取得住宅用地、商业用地等的标准课税金额进行减半。 税额 = 固定资产税评估额(公示地价 ×70%) × 1/2 × 税率 (2018 年 3 月 31 日为止)
税收贡献(2013 年度决算金额)	3570 亿日元

来源：日本总务省官方网站 http：//www. soumu. go. jp/main_ sosiki/jichi_ zeisei/czaisei/czaisei_ seido/ichiran01. html

4. 不动产登记税

不动产登记税是指不动产发生登记、登录以及获取登记凭证时所需缴纳的税收。在土地、建筑物等不动产在发生买入以及新建时，登记手续是必需的，因此在登记手续办理时需要缴纳不动产登记税。

表 4 -41 中对关于各种土地以及建筑物的不动产登记税进行了说明。作为课税标准的不动产价格，是根据固定资产计税台账的记录价格进行确定的，而在没有固定资产计税台账的情况下，以登记人员认定的价格为准。

表 4 -41　　不动产登记税的税额一览表

◇土地

项　目	课税标准	税　率	优惠税率
买卖	不动产的价格	20‰	(至 2017 年 3 月 31 日为止) 15‰
继承、法人合并或者共有物的分割	不动产的价格	4‰	—
其他（赠与·交换·接受·拍卖等)	不动产的价格	20‰	—

◇建筑物

项　目	课税标准	税　率	优惠税率
保有所有权	不动产的价格	4‰	※
因买卖或拍卖发生所有权转移	不动产的价格	20‰	※
因继承或者是法人合并而发生的所有权转移	不动产的价格	4‰	—
其他的所有权转移的情况（赠与·交换·接受等）	不动产的价格	20‰	—

※个人因为新建居住用房或者取得供自己居住的房屋时，适用优惠税率。

来源：国税厅官方网站 https：//www. nta. go. jp/taxanswer/inshi/7191. htm

第七节
国际税收

1. 税收协定

对于非居民个人和国外法人，各个国家都按照各自的税法进行征税，为了能够顺利地进行人、物等的交流，避免双重征税，并保证各个国家的国民在税收方面享有平等待遇，国家与国家之间也希望对征税方式进行协商调整。因此，日本和各个国家签订了租税协定。在租税协定中，对于应税对象、适用领域、课税范围、用语定义、租税减免、权力当局的相互协商、信息交换等进行了规定。应税对象基本上是所得课税，是以法人税、所得税为对象。在日本，租税协定的规定优先于日本国内税法。为了更好地实施租税协定，日本制定了“租税条约实施相关所得税法”、“法人税法及地方税法的特例”等相关法规。

中日两国早在1983年9月就签订了《中华人民共和国政府和日本国政府关于对所得避免双重征税和防止偷漏税的协定》（简称“日中税收协定”）。在协定中就协定适用税种、常设机构、营业利润、不动产收入、股息红利（税率10%）、利息收入（税率10%）、特许权使用费（税率10%）以及两国政府在协商机制和情报交换等多方面都有明确规定。

2. 受控外国企业管理（日语为“外国子公司合算税制”）

外国子公司合算税制是指防止纳税人利用避税地逃避国际税收的制度。在昭和53年（即1978年）的税制改革中引入了租税特别措施法。

一般情况下，日本国的居民个人或者国内法人是股东时，对其外国子公司（包含孙子公司在内）等的所得，日本没有税收权限。只有当在日本国内的股东取得股息、红利时，日本国可以对股东进行征税。因此，当这些设立在避税地的子公司保留其所得不向日本母公司进行股息、红利分配时，日本将延期进行课税，或者如果子公司将暂时保留的所得在外国进行再投资时，日本将永远无法对其所得进行征税。

外国子公司合算税制是指，为了应对避税行为，将本部所在地的税额负担和日本的法人税负担相比，税额明显较低的外国子公司（特定外国子公司等）的保留所得按照一定条件下直接或间接的持股比例进行计算，合并计入日本的股东所得进行征税。

但是，如果特定外国子公司的营业活动具有充足的经济合理性，符合一定条件（适用排除基准）时则不适用该项。

3. 外国税额扣除抵免

作为居民的个人或者国内法人，其在国外取得的所得一般会按照当地税法要求进行申报纳税，而国内法人作为居民纳税人，需要对其包括国外所得在内的全球所得进行课税，从而就会产生国际性的双重征税问题。为了避免这种双重征税，日本在所得税法、法人税法、遗产税以及税收协定中规定了外国税额扣除抵免条款。

外国税额扣除分为直接税额扣除、视为外国税额扣除以及受控外国企业管理税制中的外国税额扣除等 3 大类别。

直接扣除税额是指，对于对国外取得的利息、红利、特许权使用费进行征税的源泉征收税以及对国外分店的所得征收的国外法人税等、居民或者是国内法人等在国外直接支付的税额等从日本的法人税中进行扣除的制度。

视同外国税额扣除是指，在税收协定上规定了范围，在发展中国家征收的减免税额视作缴税。

受控外国企业管理税制中的外国税扣除法是指，如果子公司在当地缴纳法人税后，将子公司的法人税应纳税所得额合并算入母公司的国内法人所得额时，会产生双重课税，所以，通过适用外国税额扣除以避免双重征税。

4. 转让定价税制 （Transfer pricing Taxation）

转让定价是指，国内的企业通过低于通常和第三方交易（独立企业间交易）价格，和国外母公司或者子公司（国外关联方）进行交易，导致国内企业的应纳税所得额减少时，对其交易价格以独立企业间价格进行重新计算，并进行征税的制度。日本在昭和61年（即1986年）的税制改革中引入的《特别税收措施法》，2010年3月，日本国税厅正式提出了《特别税收措施法》中有关转让定价文件要求的修正案，该修正案主要针对涉及日本公司的跨国企业关联交易提出了最新的转让定价同期资料文档要求。

日本的转让定价税制基本依据《OECD[①] 转让转让定价指南》，坚持以独立交易原则作为确定转让定价的标准，并以此作为对关联企业利润进行调整的客观依据。转让定价方法基本与《OECD 转让定价指南》一致。日本税务当局要求可比非受控价格法、再销售价格法、成本加成法作为首要选择方法，当以上三种传统交易法不适用时，再考虑使用其他方法（如利润分割法、交易净利润法）。

在全球 BEPS[②] 行动计划的背景下，日本政府通过2016年的税法改制，对转让定价政策进行了重新梳理，要求在上一年度与海外关联方之间的关联交易总金额达到50亿日元（约3亿元人民币）以上或者是无形资产交易的总金额达到3亿日元（约1 800万元人民币）以上的企业，针对从2017年4月1日以后开始的营业年度，截至在法人税的年度申报征期时，制作并保存转让定价同期文档。并且，在上一会计年度企业合并层面的收入金额超过1 000亿日元（60亿元人民币）的跨国企业，从2016年4月1日以后开始的最终母公司会计年度结束日或者结束日以后1年以内，需要向税务机关追加提交国别报告、主体文档等资料。

---

① 经济合作与发展组织，（Organization for Economic Co - operation and Development），简称经合组织（OECD）。

② Base Erosion and Profit Shifting，税基侵蚀和利润转移，是指跨国企业利用国际税收规则存在的不足以及各国税制差异和征管漏洞，最大限度地减少其全球总体的税负，甚至达到双重不征税的效果，造成对各国税基的侵蚀。

5. 资本弱化税制 （Thin Capitalization Taxation）

资本弱化是指，跨国投资者为了获得更多的税前利息扣除，在企业资本结构的选择上，不恰当地提高贷款比重从而相应地降低股本的比重，以减少应纳税所得额的一种国际避税形式。资本弱化的一般特征是企业注册资本与负债的比重不合理，即注册资本偏低而负债偏高，资本结构弱化。资本弱化制度并非是以限制以融资进行经营的企业的发展为目的，而是应对国际避税行为的一种制度。

日本在平成4年（即1992年）的税制改革中引入的租税特别措施法中明确了资本弱化制度。与其他国家相比，日本资本弱化制度的最大特点在于同时规定了国外控股股东的债务股本比例和该法人债务股本比例两大标准。只有当这两个比例均超过3，利息的扣除才受限制。因此，如果某些企业的国外控股股东的债务股本比例达到3:1，只要日本企业总的付息债务（包括关联和非关联方的负债）等于或者少于该企业在本营业年度资本净值的3倍，则其利息抵扣时就不受资本弱化条款的限制。此外，日本税务局还引入了可比比率法，即日本税务局允许外资企业以其他类似日本外资企业的总债务和净资产的比率为参照物来取代3:1的债务股本比例。

值得一提的是，尽管日本税法采用了以固定比率法为主的方法模式，但在实际利息扣除中也遵循独立交易原则，即不允许外资企业或者外国法人在日本的分支机构向关联方以超过独立交易的市场利息率支付利息。

特别专题：
对日不动产投资相关税制简介

日本经济虽然常年维持较低的增长率，但由于规模巨大，依旧是不可忽视的重要投资市场。而由于日本国内原生投资不足，来自海外的投资渐渐成为撬动日本不动产价格的关键因素。而即使在股市大幅波动，资金纷纷避险的2015年，对日不动产投资规模依旧维持在稳定的状态。

如图4－11所示，伴随日本2020年东京奥林匹克运动会的确定、日元进入贬值区间、日本宏观经济好转等利好因素的带动，赴日的游客数大大增加，加上日本良好的营业环境，使得近年来对酒店业不动产的投资速度超过了之前热门的商务用不动产的投资，成为受全亚洲各种投资资金瞩目的新的投资方向。而如图4－12所示，在日本国内，外国资金持有的酒店在不断地增加，外国投资者对日本酒店开发用地的持有也在稳步增加。而在全亚洲的各个投资企业中，对日酒店业的投资计划案也随处可见。同时，如图4－13以及图4－14所示，通过J－REIT（不动产投资者公共信托基金）进行对日不动产间接投资的外国投资者也在不断地增加。

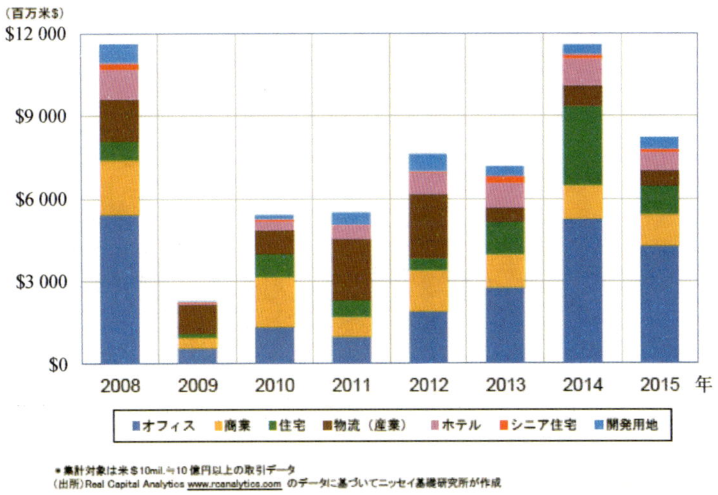

上图为海外投资资金对日本国内不动产的投资额行业分类表，蓝色部分为对办公类不动产的投资额，而紫色部分为对酒店业不动产的投资额，可以明显地看出，酒店业不动产正在成为新的投资方向。

来源：不动产投资报告《海外资金对日不动产投资动向（2015 年）~资产风险回避对不动产投资的影响~》，NLI 基础研究所，2016 年 4 月 12 日，P. 4

http：//www. nli – research. co. jp/report/detail/id = 52693

图 4 – 11 外资收购日本不动产金额（按类型划分）

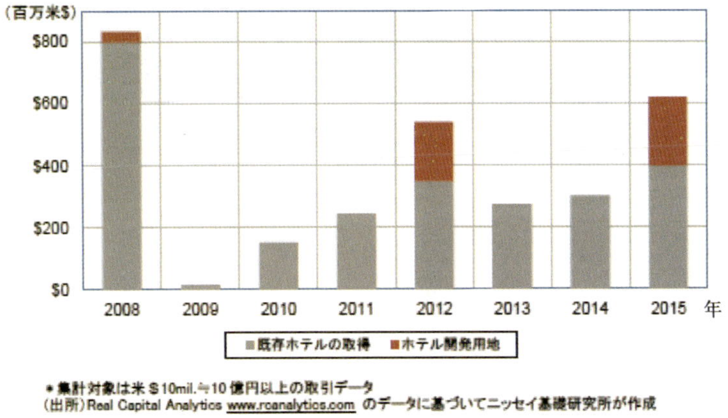

上图为全亚洲海外投资对日本国内酒店业（含酒店开发用地）的投资额，灰色部分为对现存酒店业不动产的投资额，而红色部分为酒店开发用地的投资额，可以明显地看出，对酒店开发用地的投资正在成为新的投资方向。

来源：不动产投资报告《海外资金对日不动产投资动向（2015 年）~资产风险回避对不动产投资的影响~》，NLI 基础研究所，2016 年 4 月 12 日，P. 5

http：//www. nli – research. co. jp/report/detail/id = 52693

图 4 – 12 亚洲资本对日本国内旅馆投资额

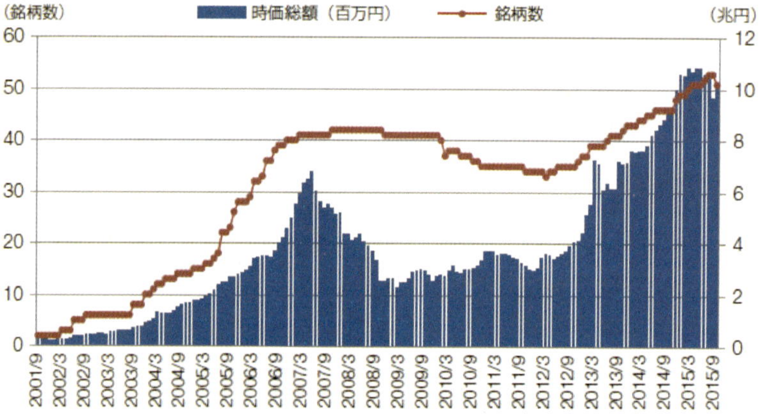

图 4－13　J－REIT 的时价总额及股票数变化表

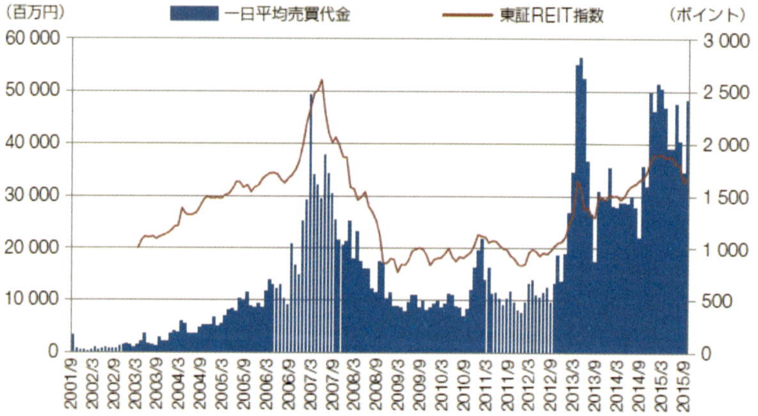

图 4－13 中蓝色部分代表不动产市价，而红色曲线代表相关上市公司股票数，可以明显地看出，无论是代表不动产市价的蓝色部分还是代表相关上市公司的红色曲线近年内都是处于稳定增长区间的。

图 4－14 中蓝色部分代表市场中每日平均的买卖金额，而红色曲线代表东京证券交易所的 REIT 指数，可以明显看出，无论是代表每日平均买卖金额的蓝色部分还是代表东京证券交易所的 REIT 指数部分在近几年以来都处于大幅增长的区间。

来源：《东京证券交易所官方 J－REIT 指南》，东京证券交易所，2016 年 1 月 18 日发行，P. 3～P. 4

图 4－14　J－REIT 日平均买卖金额及东证 REIT 指数变化表

由于对日不动产投资已经渐渐成为投资热点，表 4－42 中我们针对不同纳税主体（日本法人、日本个人、国外个人、国外法人），在日本取得、持有、出售各个阶段所涉及的日本税金进行了简要汇总。

表 4－42　在日本取得、持有、转让房产各种投资形态下的税金

（日本税种比较复杂，但是有关房产投资的税种，基本上根据投资方形态分为 4 大类）

<table>
<tr><td colspan="2" rowspan="3"></td><td colspan="2">居民企业或者个人</td><td colspan="2">非居民企业或者个人</td></tr>
<tr><td>居民个人</td><td>居民企业</td><td>非居民个人
（不形成PE）</td><td>非居民企业
（不形成PE）</td></tr>
<tr><td>形态①</td><td>形态②</td><td>形态③</td><td>形态④</td></tr>
<tr><td colspan="2">取得时点（购买时）</td><td>不动产取得税
登录许可税
印花税</td><td>不动产取得税
登录许可税
印花税</td><td>不动产取得税
登录许可税
印花税</td><td>不动产取得税
登录许可税
印花税</td></tr>
<tr><td rowspan="2">租赁时</td><td>持有</td><td>固定资产税</td><td>固定资产税</td><td>固定资产税</td><td>固定资产税</td></tr>
<tr><td>所得</td><td>个人所得税
住民税
事业税
消费税</td><td rowspan="2">企业所得税
住民税
事业税
消费税
（与员工工资有关的个人所得税）</td><td>个人所得税
消费税</td><td rowspan="2">企业所得税
消费税
（员工工资有关的个人所得税）</td></tr>
<tr><td colspan="2">转让时点（出售时）</td><td>个人所得税（单独申报）
住民税（单独申报）
消费税</td><td>个人所得税（单独申报）
消费税</td></tr>
</table>

注：PE为常设机构。即虽不是日本的居民纳税人，但如果形成了PE，也会视同为日本居民纳税人予以征税。

第五章
日本的基本劳务制度

本章主要从日本的雇佣制度、劳动工会、社会保障制度以及社会保障协定四个方面对日本现行的劳务制度进行概述。

第一节 日本的雇佣制度

在日本，政府出台了大量的法律来规范雇主的雇佣行为。其中，劳动基本法、劳动合同法、最低工资法、育儿和看护停工法等（以下统称“劳动法”）中明确规定了雇主在雇佣员工时应为员工提供的最低劳动条件，如劳动签约、最低工资、工作时间、假期、休假和补贴等。

1. 劳动签约

（1）劳动合同的订立

在日本，雇主在雇佣员工时，大多会与员工签订书面的劳动合同。日本劳动合同的期限种类与我国一致，可分为定期劳动合同和不定期劳动合同。差别在于，日本的劳动法中明确规定企业在与员工签订定期劳动合同时，最长期限不得超过 3 年，而我国相关法律中没有这类限制。同时，日本劳动法中也规定了例外情况，允许企业在与拥有高专业能力的劳动者（如博士、注册会计师、医师、牙科医生、律师、注册税务师等）以及 60 岁以上的劳动者签订定期劳动合同时，最长期限可以放宽到 5 年。而且为了完成一定任务（如建设项目等）而签订的定期劳动合同，其合同期限不受上述规定的限制。

在签订劳动合同时，日本劳动法要求雇主在合同中注明为员工提供的劳动条件，如劳动环境、工资、工作时间等。除此之外，还要求雇主就合同中规定的合同期限、工资、工作时间和其他劳动条件等对雇员进行当面说明。如果雇主当面说明的劳动条件与事实不符，雇员可以立即单方面解除合同。

表 5－1　劳动条件的当面说明

强制说明事项	选择性说明事项
①劳动合同的期限 ②更新劳动合同的基准 ③工作场所以及从事的业务 ④工作起始时间、是否有超过所定工作时间的劳动、休息时间、公休、休假以及轮班时间（如有） ⑤工资的决定、计算及支付方法、工资的截止日期及支付期限、加薪 ⑥退休（含解雇）的相关事宜	①适用退休补贴的雇员的范围、退休补贴的决定、计算及支付方法、退休补贴的支付期限 ②临时性工资、奖金及其他、最低工资额度 ③由雇员负担的餐费、作业用品等 ④安全及卫生相关事宜 ⑤职业培训相关事宜 ⑥工伤补贴及工作外的伤病补助 ⑦表彰及制裁相关事宜 ⑧停工相关事宜

来源：日本《劳动基准法》第十五条、《劳动基准法施行规则》第五条

日本的劳动法中对试用期没有具体规定，但多数雇主会将试用期写入劳动合同。一般来说，新进员工的试用期一般为 3 个月，也有试用期为 6 个月及 2 个月的情况。劳动法中明令禁止雇主在签订合同时，预先规定雇员在不履行劳动合同时产生的违约金或损坏赔偿金额等情况。违反这一规定的合同部分，视为无效。

（2）劳动合同的更新

定期劳动合同到期后，会出现合同更新的问题，日本劳动法对这一问题作出了规定。雇员在定期劳动合同未到期前申请劳动合同更新，或在定期劳动合同到期后未作延迟、随即申请重新订立劳动合同时，若雇主没有客观合理的理由，或即使有一定理由，但基于社会常识，无法认同或接受这一理由时，该劳动合同视同已更新，且更新后的劳动合同的内容与更新前的劳动合同中的相关劳动条件保持一致。关于这项规定中提到的客观合理和被社会认同的理由，劳动法中没有给出具体规定，但根据以往的经验判断，相关机构通常会从保护劳动者的角度出发，对雇主不予更新的理由进行分析，并最终判断这一理由的合理性和是否具有法律效力。

（3）解雇与赔偿金

日本劳动法中对雇主的解雇行为作出了严格限制。除雇主有客观合理且可以被社会认同的理由，如由于火灾、地震等不可预见的原因导致经营困难等，或者雇主雇佣的是临时劳动者外，雇主不可随意解雇员工。如果

雇主在不符合上述条件的情况下解雇员工，会受到一定的期间限制。日本的劳动法明确规定，在一定期间范围内，雇主不得向员工提出解雇要求，否则视为滥用权力，并认为无效。即使雇主的解雇行为没有发生在解雇限制期间内，劳动法也要求雇主要提前告知被解雇的员工或为其支付赔偿金，否则，其提出的解雇要求同样被视为无效。

表 5－2　　对解雇的相关规定

<table>
<tr><th>适用与否</th><th>条　件</th><th>内　　容</th></tr>
<tr><td rowspan="3">适用解雇相关规定</td><td>期间限制</td><td>一定期间内禁止解雇</td></tr>
<tr><td rowspan="2">不受期间限制</td><td>提前告知 → 一定期间后允许解雇</td></tr>
<tr><td>支付赔偿 → 即日允许解雇</td></tr>
<tr><td rowspan="2">不适用解雇相关规定</td><td colspan="2">雇主有客观合理的理由</td></tr>
<tr><td colspan="2">临时劳动者</td></tr>
</table>

来源：日本《劳动基准法》第十九条～第二十一条

具体来说，日本的劳动法对雇主的解雇期间作出了如下限制：雇主不得以任何形式解雇因工负伤、患病处于疗养期和疗养期满后恢复工作不超过 30 天的员工以及怀孕正在享受产假和休完产假后恢复工作不超过 30 天的女员工，以保证这类员工的基本收入与正常生活。不过员工因工负伤、患病后未停职疗养，或女性未享受产前 6 周的产假、产前 6 周内仍正常工作的情况下，雇主的解雇行为不受上述解雇期间的限制。同时，在解雇限制期间内，如果劳动合同到期，并且员工主动提出辞职，雇主的解雇行为同样不受到这一条件的限制。

不受解雇期间限制的员工，雇主要行使其解雇权利，必须提前告知员工或为员工支付赔偿金。劳动法规定，雇主要提前至少 30 天将其解雇意向告知被解雇员工或为其支付相当于平均工资 30 天金额的赔偿金，否则其解雇要求被视为无效。

2. 工资

（1）工资的支付

在日本，除法律或劳动合同中另有规定外，工资通常以现金的方式支付，且根据劳动法的要求，工资每月至少要在一定日期支付给员工一次以上。当员工遇有生育、疾病、灾难及法规规定的其他非常情况时，法律还要求雇主在通常的工资支付日期之前支付给员工其应得的工资，以保证员工的资金需求。

另外，如果企业因雇主的责任发生停工时，在停工期间，雇主要支付给员工相当于其平均工资60%以上的停工补贴，目的是最大限度地保证劳动者的生活需求。

（2）平均工资

雇主在为员工支付停工补贴和工伤补贴、解雇赔偿金等时，要以员工的平均工资为基准，计算其应支付的具体数额。

平均工资，是指在必须计算平均工资日以前的3个月内由雇主支付给员工的工资总额除以该期间的总天数后得到的金额。即：

平均工资 = 有必须计算平均工资的事由发生的前3个月内雇主支付给员工的工资总额/事由发生的前3个月内的总日历天数

这里的工资总额包括雇主以工资、薪金、津贴、分红以及其他名称支付给员工的劳动报酬总额。其中，除了雇主已实际支付的报酬外，截至事由发生，已确定支付给员工的报酬额也属于工资总额的计算范围。但下述三类报酬除外：

①临时性支付的工资（因临时、突发性的事由，由雇主支付给员工的工资，如结婚礼金、退职金、伤病补贴、治疗慰问金等）；

②超过3个月的期间、由雇主定期支付的工资（如年终奖金等）；

③以货币以外的形式支付但不属于一定范围的工资（例如以实物形式支付，但不属于法律或劳动合同中规定的工资范围的支付金）。

（3）最低工资制度

日本出台了专门的最低工资法来限制员工的最低工资水平。若雇主支付给员工的工资低于法律规定的最低工资水平，无论雇主提出任何理由，都被认定为违反最低工资法，雇主会受到惩罚。日本的最低工资标准一般被分为两类，地区性最低工资和特定行业的最低工资。同时适用这两种工资水平的行业，雇主应支付的最低工资为两者中较高一方。

日本的最低工资标准一般以时薪来表示。图5-1给出了2014年10月以来日本47个都道府县的最低工资情况。其中，东京地区的最低工资标准最高，时薪可以达到888日元，其次是位于东京旁边的神奈川地区和位于日本关西的大阪地区，最低时薪分别为887日元和838日元。如果按照每天工作8小时、每月30天来计算，东京、神奈川和大阪地区的月最低工资分别为213 120日元（相当于12 787元人民币）、212 880日元（相当于

12 773 元人民币）和 201 120 日元（相当于 12 067 元人民币），相当于北京 2015 年月最低工资标准 1 720 元的 6 倍多。日本 47 个都道府县的平均最低时薪工资可以达到 726 日元（相当于 44 元人民币）。其中，广为我国熟悉的京都地区的最低时薪工资为 789 日元（相当于 47 元人民币），在日本国内排名第 7 位。

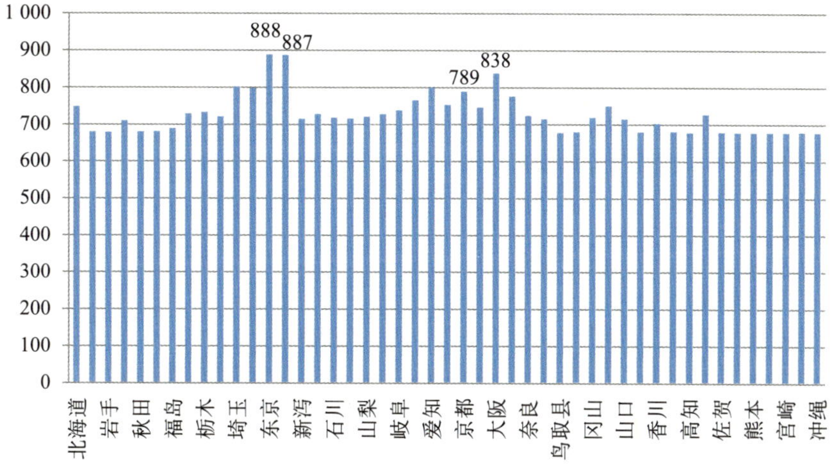

来源：日本厚生劳动省官方网站，http：//www. mhlw. go. jp/stf/seisakunitsuite/bunya/koyou_roudou/roudoukijun/minimumichiran/

图 5－1　日本各地区的最低工资水平（日元）

表 5－3 列示了 2014 年 10 月以来日本几个主要地区（东京、大阪、京都）特定行业的最低工资情况。根据劳动法的规定，从事特定行业的企业，其最低工资水平以本地区的最低工资和本行业的最低工资中较高的一方为准。另外，需要补充说明的是，上述最低工资中不包括由雇主支付的补贴工资、全勤奖金、通勤补贴和家属补贴等，这部分工资，由雇主按规定另行支付。

表 5－3　日本主要地区特定行业的最低工资水平　　单位：日元

地区	特定行业	最低工资
东京（888）	钢铁业	871※
	电子机械设备、生产用机械设备制造业	832※
	业务用机械设备、电气机械设备、信息通信机械设备、手表及同类部分产品、眼镜制造业	829※
	出版业	857※
	各种商品零售业	792※

续表

地区	特定行业	最低工资
大阪（838）	涂料制造业	880
	钢铁业	876
	有色金属、合金轧制业、电线电缆制造业	840
	电子机械设备制造业、生产用机械设备制造业、业务用机械设备制造业、暖气设备和管道工程用附件、金属线制品制造业、船舶制造·修理业、船舶用品制造业	862
	电子元件、设备、电子电路、电气机械设备、信息通信机械设备制造业	840
	汽车及其附属产品制造业	860
	汽车零售业	850
京都（789）	印刷业	765※
	金属产品、螺栓、螺母、铆钉、小螺钉、木螺钉等制造业	854
	泵、压缩设备制造业、一般产业用机械、设备制造业、其他电子机械及同类部分产品制造业、纤维机械制造业、生活相关产业机械制造业、基础材料工业机械制造业、金属加工机械制造业、半导体、平板显示器制造设备制造业、其他生产用机械及同类部分产品制造业、办公用机械设备制造业、服务用、娱乐用机械设备制造业、建筑机械、矿山机械制造业	822
	电子元件、设备、电子电路、电气机械设备、信息通信机械设备制造业	853
	运输用机械设备、建设机械、矿山机械制造业	860
	各种商品零售业	803
	汽车零售业	741※
	汽车（新车）零售业	790

※行业的最低工资低于地区的最低工资，这部分行业的最低工资以地区最低工资为准。

来源：日本厚生劳动省官方网站，http：//www. mhlw. go. jp/stf/seisakunitsuite/bunya/koyou_roudou/roudoukijun/minimumichiran/

3. 工作时间、 假日与休假制度

（1）工作时间

日本的劳动法中对员工的工作时间作出了规定，雇主不得迫使员工在一天内工作超过 8 小时（休息时间除外），或在一周内工作超过 40 小时。但如果发生事故或有其他不可避免的临时情况，工作时间可不受上述限制，即经行政官厅批准后，允许雇主在必要的限度内适当延长工作时间。

如果员工的实际工作时间超过了上述法定工作时间的一天 8 小时或 1 周 40 小时，员工可以要求雇主支付加班工资。根据劳动法的规定，每周工作超过 40 小时的部分，员工可以要求雇主支付相当于其日常工资 25%—50% 的加班工资。如果工作时间超过 60 小时，超出的时间部分，员工可以要求雇主支付相当于其日常工资 50% 的加班工资。

日本的工作时间一般是从上午 9:00 到下午 5:00 - 6:00，中间有 1 小时的午休时间。日本的劳动法规定，对工作时间超过 6 小时的员工，要给予不少于 45 分钟的休息；对工作时间超过 8 小时的员工，要给予不少于 1 小时的休息时间。另外，虽然法律上只规定雇主要给予雇员每周不少于 1 天、或每 4 周不少于 4 天的假期，但是 5 天制的工作制在日本还是很普遍的。

（2）法定假日

除一般的周六、日外，日本共有 16 天的法定假期，分别是元旦（1 月 1 日）、成人日（1 月的第 2 个星期一）、建国纪念日（2 月 11 日）、春分日、昭和日（4 月 29 日）、宪法纪念日（5 月 3 日）、绿化节（5 月 4 日）、儿童节（5 月 5 日）、海之节（7 月第 3 个星期一）、山之节（8 月 11 日）、敬老日（9 月第 3 个星期一）、秋分日、体育节（10 月第 2 个星期一）、文化节（11 月 3 日）、劳动感谢日（11 月 23 日）和天皇生日（12 月 23 日）。其中，有 4 天的法定假日安排在了周一，目的是与前一周的周六日连起来，形成一个 3 天的小长假。如果法定假日遇到周六、日，法定假日后的第一个非假日会自动顺延为法定休息日。

此外，日本在 8 月还有 4 天的盂兰盆节假。通常来说，盂兰盆节假是指从 8 月 13 日到 8 月 16 日的 4 天假期。但为了错峰休假，也有公司将盂兰盆节假安排在 8 月的其他日子。

（3）带薪假期

日本和中国一样，有法定的带薪假期。对于连续受雇 6 个月以上且出勤率在 80% 以上的员工，法律要求雇主至少给予 10 个工作日的带薪年假，且在以后的 2 年内、每一年增加 1 天，3 年后每 1 年增加 2 天，直到增加至 20 天为止（参照表 5 - 4）。但如果员工在连续受雇 6 个月后的 1 年中，出勤率未满 80%，雇主可不遵照这一规定。

表 5－4　　日本的带薪休假制度

连续受雇 6 个月以后的工作年数	基础假期	浮动假期	总休假天数
1 年	10 天	1 天	11 天
2 年	10 天	2 天	12 天
3 年	10 天	4 天	14 天
4 年	10 天	6 天	16 天
5 年	10 天	8 天	18 天
6 年以上	10 天	10 天	20 天

来源：日本《劳动基准法》第三十九条

（4）育儿和看护休假制度

在日本，员工除了能享受正常的法定假日与带薪休假外，还可以根据情况申请育儿和看护假期。所谓育儿假，是指在子女未满 1 周岁前，允许员工申请的用于抚养子女的休假期。育儿假的申请对象原则上是正在养育未满 1 周岁子女的劳动者，男女皆可。法律规定，在该劳动者已于该雇主处连续工作 1 年以上、且可以预见这一劳动者未来还会继续在该雇主处工作的前提下，雇主有义务在育儿期满后继续雇佣该员工。

员工也可以申请看护假。如果家族中（包括配偶、父母、子女、配偶的父母、与劳动者同居且由其抚养的祖父母、兄弟姐妹及儿孙等）有成员因工伤、疾病或身体、精神上的障碍等处于要看护的状态，且这一状态已持续两周以上时，允许员工申请看护假，但每次申请的时间不得超过 93 天。另外，如果员工有未上小学的子女，遇到子女生病或受伤时，员工还可以申请每年不超过 5 天的子女看护假。雇主不得以业务繁忙等为由，拒绝员工的休假申请。申请看护假（包括子女看护假）的员工如果符合上述的已在该雇主处连续工作 1 年以上、且预见未来还会在该雇主处继续工作的两个条件，雇主同样有义务在员工休假期满后继续雇佣该员工。

另一方面，对于申请育儿假和看护假的员工，雇主是否需要支付工资，劳动法中并未作详细规定。现在在日本，选择少额支付或不支付工资的雇主居多。而为了保障劳动者在育儿、看护期间的基本生活，政府会在这一期间支付给员工一定的社会保障基金。

4. 女性雇佣规则

（1）对于产妇的保护

和中国一样，为了保护女性的权益，日本的劳动法中专门制定了适用于女性的雇佣制度。处于怀孕期间的女性员工可以在产前6周内（怀有多胞胎的情况下，可以在产前14周内）申请停工，雇主不得以任何理由拒绝。但如果女员工自愿放弃产前休假，雇主也没有强制让其休假的义务。处于怀孕期间的女员工若出于对胎儿的考虑或有医学上的理由，申请调整岗位，从事更轻闲的工作时，雇主同样不能拒绝（无产前6周的限制）。

产后休假与产前休假稍有不同，在产后8周的时间内，无论产妇是否申请停工，雇主都不可要求其参与工作，以保证产妇有充足的时间恢复和休息。不过已经生产6周的产妇自行申请恢复工作，且医师认定其从事的工作对身体无害的情况下，雇主可同意其复工。对产后恢复工作的女性，在子女未满1周岁前，除法定休息日外，每天还可以申请两次、每次不少于30分钟的育儿时间。

雇主不得违反上述规定。违反上述规定的雇主，最高会受到6个月的刑拘或30万日元（约18 000元人民币）罚金的处罚。

（2）对生理期女性的保护

对于生理期的女性员工，日本的劳动法中还制定了生理期休假制度。女性在生理期间身体抱恙无法继续工作或所从事的职业妨碍行经时，可申请停工，雇主不得拒绝。女性申请停工的时间可以以天为单位，也可以是半天或几个小时，视身体情况而定，雇主配合其申请即可。违反这一规定的雇主，最高可以处以30万日元（约18 000元人民币）的罚金。

5. 事故补贴

在日本，如果员工因工受伤、患病、残疾或死亡时，雇主必须支付一定的事故补贴。其中，包括支付给受伤、患病或残疾员工的疗养补贴、停工补贴、残疾补贴以及支付给因工死亡员工家属的遗属补贴、丧葬费等。

表 5－5 事故补贴的相关规定（概要）

①疗养补贴：员工因工负伤或因工患病时，雇主应出资使其疗养，并负担必要的疗养费用。

②停工补贴：员工因疗养无法继续工作时，疗养期间，雇主应支付给员工相当于平均工资60%的停工补贴。

③残疾补贴：员工因工负伤、患病痊愈后造成残疾的，雇主应按其残疾程度支付员工残疾补贴。但员工因自身重大过失以致工作中负伤或患病时，经行政官厅批准后，雇主可不支付上述补贴。

④遗属补贴：员工因工死亡时，雇主应支付员工家属相当于死者1 000天平均工资的遗属补贴。

⑤丧葬费：员工因工死亡时，雇主应支付负责安葬者相当于员工60天平均工资的丧葬费。

⑥其他：因工负伤、患病员工自疗养开始后3年、伤病仍未治愈时，雇主支付员工相当于1 200天平均工资的补贴后，可不再支付补贴。另外，领取本表中所述补贴的权利不因员工退职而发生变化。

来源：日本《劳动基准法》第八章“灾害补偿”

第二节
日本的劳动工会

1. 劳动工会概述

在日本，除了通过政府制定严格的雇佣制度来维护劳动者的权益外，还存在如劳动工会等社会组织，在协调劳资关系方面发挥重要作用。所谓劳动工会，是指由劳动者组成、以劳动者劳动条件的改善（如提高工资、缩短劳动时间）为目的的建立的员工团体。日本宪法明确规定，劳动者有以团体形式与雇主进行协商或以团体形式罢工的权利，即在宪法层面，明确了工会的法律地位和可以行使的权利。同时，劳动工会法中又对劳动工会的权利进一步作出了解释，如劳动工会的主要职责在于协助员工签订劳动合同以及防止工会成员遭受雇主的不公平待遇（例如以员工是工会成员为由，解雇该员工等）等，进一步为劳动工会的行为提供了法律依据。

2. “春斗”

日本劳动工会每年最大的集体活动发生在春季的2—3月份。在日本，春季意味着新年度的开始，新员工入职与老员工的薪资调整都发生在春季的4月。因此，每年的2—3月期间，日本劳动工会就新年度员工的薪金水平、劳动时间等与公司展开谈判，称为“春季斗争”，简称“春斗”。

“春斗”分三个层次进行（参照图5-2）。一是高层次的咨询，即由全国总工会发布一份有关本年度“春斗”工资指导线的报告供各行业工会参考。同时，主要的雇主联合团体“日本经济团体联合会”（以下简称“日经联”）会提出自己的年度经济形势分析报告，供雇主参考。但工会与日经联不直接进行协商。二是分行业的谈判指导。由各行业工会根据总工会提供的工资指导线，结合本行业的实际情况，提出本行业的增资幅度参考指标。同时，行业雇主组织召集本行业雇主开会来研究情况，提出对策。各行业的工会组织和雇主组织在这一层次仍不直接接触和协商。三是企业的工会组织与雇主谈判决定本企业的实际工资增长幅度。由此，“春斗”进入实质性的谈判协商阶段。一般来说，实质性的谈判协商会从业绩较好的企业、大型企业和中央企业开始，逐渐过渡到业绩相对稍差、规模较小和地方性的企业，目的是赢得本次谈判的全面胜利。

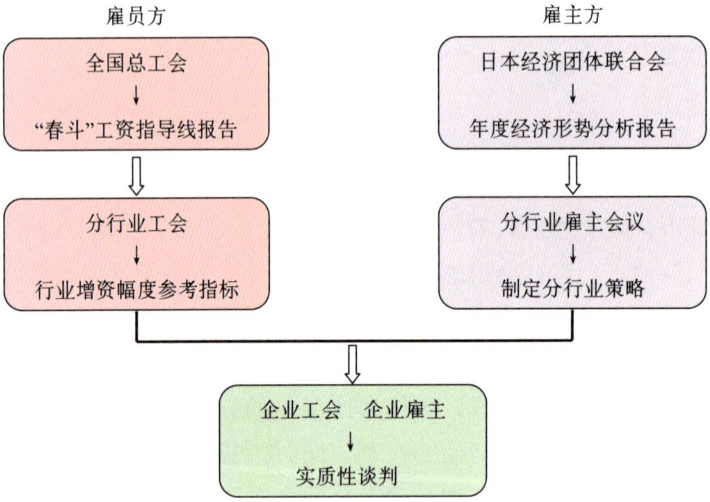

图 5-2　“春斗”流程图

第三节 日本的社会保险制度

在日本的劳务制度中，社会保险作为一个不可或缺的部分，有必要专门对其进行介绍。

1. 社会保险制度的概况

日本的社会保险制度共分为两类六种类型，分别是属于社会保险类的养老保险、医疗保险（包含我国医疗保险与部分生育保险的内容）、看护保险（我国无）、育儿保险（我国无）以及属于劳动保险类的员工意外保险（类似于我国的工伤保险）和失业保险（日语中称为雇佣保险，包含我国失业保险与部分生育保险的内容）。日本没有公积金制度，法律上对住房补贴的发放也没有具体规定，但在日本，有许多公司会自行发放一定的住房补贴或低价为员工提供员工宿舍，作为对员工的福利。

表 5－6　中日社会保险制度的概况

日本的社会保险制度		中国的社会保险制度
社会保险	养老保险	养老保险
	医疗保险	医疗保险
		生育保险（部分）
	看护保险	不适用
	育儿保险	不适用
劳动保险	员工意外保险	工伤保险
	失业保险	失业保险
		生育保险（部分）
住房公积金	不适用	适用

日本与中国一样，根据保险类型不同，适用的缴费方式和缴费比例也不同。从适用于员工的保险来看，保险费多要求由雇主和员工共同负担，当然，也有要求雇主单独承担的情况。同时，保险费的缴费比例会随着年度的变化而浮动，在地区间也存在着差异。表 5 - 7 给出了 2015 年适用于员工的各保险类型的缴费比例情况（其中，医疗保险只选取了 2015 年东京的缴费比例以作参考之用）。从表 5 - 7 中我们可以看出，在日本雇主负担的社保缴纳比例（16% 左右）远远低于我国企业雇主负担的社保缴纳比例（40% 左右）。

表 5 - 7　　日本各保险类型的缴费比例

保险类型		基于工资或奖金之雇主缴纳比例（%）	基于工资或奖金之雇员缴纳比例（%）
社会保险	养老保险	8.914	8.914
	医疗保险（东京）	4.985	4.985
	看护保险	0.79	0.79
	育儿保险	0.15	
劳动保险	员工意外保险	0.25 ~ 0.88	
	失业保险	0.85 ~ 1.05	0.5 ~ 0.6

来源：日本厚生劳动省官方网站

2. 社会保险

（1）养老保险

养老保险，是指在被保险对象达到一定年龄、失去行动能力以及死亡时给予的保障，与我国的养老保险相类似。一直以来，日本的养老保险都被分为三个类别，基础养老保险（日语中称为“国民年金”）、职工养老保险（日语中称为“厚生年金”）和公务员养老保险（日语中称为“共济年金”）（参照图 5 - 3 中的左图）。基础养老保险的适用对象是在日本国内有住所、年龄在 20 岁以上 60 岁以下的所有人群；职工养老保险的主要适用对象是普通的工薪阶层；公务员养老保险主要面向国家公务员、地方公务员和部分私立学校的教职员等。2015 年 10 月以后，适用于公务员的养老保险与适用于一般职工的养老保险合并，统一为职工养老保险（参照图 5 - 3 的右图）。

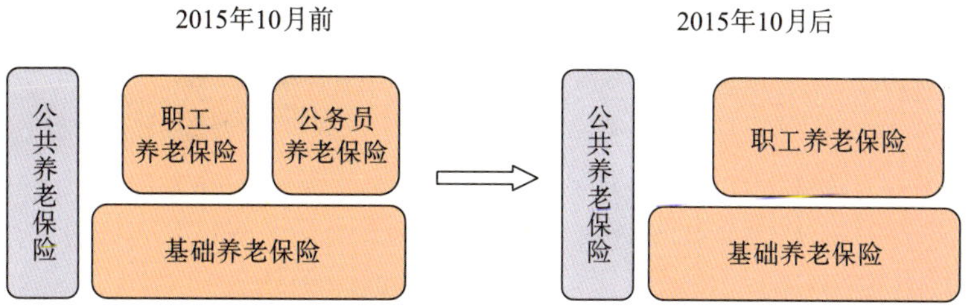

来源：日本厚生劳动省官方网站，《平成 27 年 10 月から共済年金は構成年金に統一されます》

图 5－3　公共养老保险制度的变化

基础养老保险与职工养老保险的适用对象不同，缴纳方式与缴费比例也不同（参照表 5－8）。基础养老保险一般由本人自行缴付（但 20 岁以上 60 岁以下的年收入不足 130 万日元的人，由其家长或配偶等代为缴付），月度缴费金额为 15 590 日元（约 935 元人民币）。职工养老保险由所属单位代为缴付，缴费比例为员工月工资的 17.828%，这个比例中包含了应由员工负担的基础养老保险的部分。同时，职工养老保险的缴费金额由雇主与员工共同承担，各负担 50%。

原则上，支付 25 年以上（我国是支付满 15 年以上）、满 65 周岁的人群可领取基础养老保险金（参照表 5－8）。

表 5－8　　公共养老保险的基本内容（2015 年 10 月以后）

保险类型 项目	基础养老保险 （国民年金）	职工养老保险 （厚生年金）
适用对象	在日本有固定住所、年龄在 20 岁以上 60 岁以下的所有人群（包括日本人与外国人）	未满 70 岁的普通工薪阶层、国家公务员、地方公务员、学校教职员以及工作时间相当于正式员工工作时间、工作日数四分之三以上的兼职员工和派遣员工（自营业者、务农人员、在从业人数不足 5 人的企业工作的员工除外）
缴费方式	由本人缴付或由有保险连带支付义务的家长、配偶代为缴付；当由有保险连带支付义务的家长、配偶代为缴付时，保险费由家长或配偶负担	由所属单位代为缴付，费用由雇主与雇员各负担一半

续表

项目 \ 保险类型		基础养老保险（国民年金）	职工养老保险（厚生年金）
缴费比例	一般情况	2015 年 4 月 –2016 年 3 月期间的月度缴费金额为 15 590 日元（约 935 元人民币）	2015 年 10 月 –2016 年 9 月的缴费比例为雇员月工资额的 17.828%（已包含基础养老保险的部分）
	特例	提前支付，可享受折扣	产前产后休假及子女 3 周岁前的育儿休假期间，雇主与雇员双方可免缴保险费（男性也可申请育儿休假）
养老金领取		支付 25 年以上，满 65 岁的人群可领取每月最高 65 008 日元（约 3 900 元人民币）的基础养老金	除基础养老金外，满 65 岁的人群可根据从业时的缴费金额领取职工养老保险金；不同人之间的领取额不同

来源：日本厚生劳动省官方网站，《平成 27 年 10 月から共済年金は構成年金に統一されます》

（2）医疗保险

日本的医疗保险可以为被保险者提供医疗、口腔医疗、住院、医药以及非工伤、疾病方面的保障，与我国的医疗保险相类似。但日本的医疗保险与我国也存在差异，即日本的医疗保险中包含了我国生育保险的部分内容。在日本，产前产后的女性休假期间支付的工资由医疗保险负担，支付金额相当于女性日常工资的三分之二。同时，在生产期间一次性支付给女性的 42 万日元（约 25 200 元人民币）的生育补贴，也由医疗保险来负担。

从种类来看，日本的医疗保险一般分为两大类，国民医疗保险（日语称“国民健康保险”）和职工医疗保险。前者适用于在日本居住的所有年龄层的人群（但不包括已加入职工医疗保险的人），后者适用于有雇佣单位的人群，两者互相独立，没有重叠（参照表 5 –9）。

表 5 –9　　健康保险的基本内容（2015 年）

项目 \ 保险类型	国民医疗保险（国民健康保险）	职工医疗保险
适用对象	未加入职工医疗保险的所有人群，包括预计在日本逗留超过 1 年的外国人；但不包括已满 75 岁的人群	有雇佣单位的员工

续表

项目＼保险类型	国民医疗保险（国民健康保险）	职工医疗保险
缴费方式	申请缴纳后每月从预留账户中自动扣除；每个家庭只有一个缴款账户，提前缴款可享受折扣；保险额由本人或由有保险连带支付义务的家长、配偶负担	由所属单位代为缴付，费用由雇主与雇员各负担一半
缴费比例	由家庭收入、家庭成员数等决定；各家庭缴纳的保费金额不同	各地的缴费比例不同；2015 年东京的缴费比例为雇员月工资额的 9.97%，大阪的缴费比例为雇员月工资额的 10.04%①
负担比例	个人负担 30%，保险负担 70%	

对于国民医疗保险的适用对象，其保险费由本人或由有保险连带支付义务的家长或配偶负担。适用职工医疗保险的人群，其保险费由雇主和本人共同负担，负担比例各占 50%（参考表 5－9）。职工医疗保险的费用会随地区变化而变化，2015 年东京的缴费比例是员工月工资额的 9.97%，大阪的缴费比例是员工月工资额的 10.04%。

所有加入医疗保险的人在就诊时，都可享受 70% 的医疗费用报销。就诊时，个人只需支付给医院医疗费的 30%，其余的 70% 由保险组织与医院自行结算。另外，加入医疗保险的人可以在日本任何有资质的诊疗机构（包括私营的诊所、牙医诊所等）就诊，统一享受 70% 的费用报销，即医疗保险的使用没有地区和医疗机构经营性质的限制。

（3）看护保险

在日本，超过 40 岁的人都要加入看护保险（日语为“介护保险”）。所谓看护保险，是在被保险对象需要得到看护时给予保障的一种新型老年人社会保险制度，我国暂时没有这一制度。对于看护保险的被保险者，当其需要被看护时，只要符合相关条件并通过申请和认定后，就可享受由看护保险提供的相关看护服务。

① 缴费比例数据来源于日本厚生劳动者官方网站，「健康保険・厚生年金保険の保険料額表」。

表 5－10　　看护保险的基本内容（2015 年）

项目＼保险	看护保险（介护保险）	
适用对象	65 岁以上的人群	40－64 岁的人群
服务对象	由于卧床不起或痴呆需要经常看护的人；虽无经常性看护的必要，但家务或起居等日常生活需要帮助的人	由于初期老年痴呆、脑血管疾病等老化引起的 16 种病，需要得到看护或帮助的人
缴费方式	与国民医疗保险一同缴纳；原则上直接从养老金中扣除	加在国民医疗保险或职工医疗保险上一并缴纳
缴费比例	根据家庭收入、家庭成员、是否缴纳了住民税等决定；各家庭缴纳的保费金额不同	适用国民医疗保险的人，缴费比例各有不同；适用职工医疗保险的人，2015 年的缴费比例为月工资额的 1.58%
护理费用负担比例	个人负担 10%，保险负担 90%； 个人负担额度设最高限额，超过某一限额后的全部费用由保险负担	

来源：日本厚生劳动省官方网站

看护保险一般与国民医疗保险或职工医疗保险一并缴纳。适用国民医疗保险的人群，根据家庭状况不同，缴纳的保费金额也不同。适用职工医疗保险的人，看护保险的费率按全国统一的比率、员工月工资额的 1.58% 缴纳，缴纳金额由雇主与员工分别负担 50%。当被保险人申请且被许可使用看护保险后，被保险人发生的看护费可由个人与保险共同承担，其中个人负担 10%，保险负担 90%。

（4）育儿保险

加入职工养老保险的人，都要缴纳育儿保险。要求缴纳育儿保险的主要目的是为了给政府育儿津贴的发放筹集一部分资金。

在日本，为了减轻家庭的育儿负担，促进儿童的健康成长，政府会给每个育有未成年子女（中学未毕业的子女）的家庭发放育儿津贴。表 5－11 列示了 2015 年日本育儿津贴发放的基本情况。

表 5－11　　2015 年日本育儿津贴的基本情况

支付对象年龄	支付额（每月）
0－3 岁的子女	15 000 日元
3 岁－小学毕业前	10 000 日元（第 1、第 2 个孩子） 15 000 日元（第 3 个以后的孩子）
中学生	10 000 日元
超过一定所得的家庭（960 万日元以上）	5 000 日元

来源：日本育儿津贴申请网站 http://jidouteate.com/sinjidouteate1/kingaku.html

用于发放育儿津贴的资金一部分由政府财政资金负担，另一部分由育儿保险金来负担。2015 年育儿保险的缴纳比例是员工月工资额的 0.15%，法律规定全部由雇主承担。

育儿保险与上述的养老保险、医疗保险、看护保险共同构成了日本现行的社会保险体系。

3. 劳动保险

日本除了社会保险外，还存在劳动保险，其中包含员工意外保险与失业保险两大类。

（1）员工意外保险

员工意外保险是被保险者在工作或上下班途中受伤、生病或不幸死亡时，给予被保险者或被保险者遗属的一种保障，与我国的工伤保险相类似。在日本，拥有超过一个员工的雇主都需要为员工加入员工意外保险。否则，一旦发生意外事故，会根据雇主未缴纳保险的意图不同，相应由雇主承担一定的赔偿金（参照表 5－12 中欠缴处理的部分），以作为对雇主的惩罚以及对员工权益的保护。

员工意外保险的缴费比例根据员工从事行业类型的不同有所不同。原则上，员工意外保险的缴费比例是员工月工资总额的 0.25%－0.88%，全部由雇主负担。正常缴付员工意外保险的员工，如果因工受伤、生病或不幸死亡，由政府全额支付赔偿金。这当中包括员工受伤期间发生的全部疗养费用（包括治疗费、入院费、看护费、转院费等）以及相应发生的停工补偿、伤病补偿、残障补偿、遗属补偿、丧葬费和看护补偿金等。

表 5－12　　员工意外保险的基本内容（2015 年）

项目	员工意外保险
适用范围	雇主雇佣的所有员工，包括兼职员工和临时打工者
缴付流程	①向劳动基准监督署或公共职业安定所提交员工意外保险缴付申请 ②缴付义务成立后，根据预估的本年度支付给员工的工资总额乘以保险费率预估本年度应缴付的保险总额 ③根据预估的保险总额自行申请缴付
缴费比例	根据行业类型不同，缴费比例也不同，基本在员工工资总额的 0.25%－0.88%；保险费全部由雇主负担

续表

项目	员工意外保险
保险费的支付种类	①疗养补偿：原则上包含疗养期间发生的所有的治疗费、入院费、看护费、转院费等 ②停工补偿：停工的前3天由雇主支付，第4天开始由保险支付；支付额为基础工资的80%（包括60%的停工补偿和20%的特别补偿金） ③伤病补偿：疗养1年6个月仍未痊愈、伤病等级为1~3级的，支付相当于工资245-313天的补偿金 ④残障补偿：痊愈后导致残障的，残障等级为1~7级、一次性支付相当于131-313天，残障等级为8~14级、一次性支付相当于56-503天的工资 ⑤遗属补偿：包括遗属补偿养老金和一次性遗属补偿两类，根据情况不同，选择合适的种类支付 ⑥丧葬费：315 000日元（约16 065元人民币）+员工30天的工资或员工60天的工资，从高补偿 ⑦看护补偿：分常年看护与偶尔看护两种，前者的月补偿限额为104 570日元，后者的月补偿限额为52 290日元 ⑧二次健康诊断支付：定期健康体检的结果显示特定指标异常时，允许进行二次诊断或获得特定的保健指导 ⑨其他
欠缴的处理	雇主涉嫌故意不缴付保险金——支付的赔偿金全部由雇主负担 雇主由于重大过失未缴付保险金——支付的赔偿金中40%由雇主负担

来源：日本厚生劳动省官方资料「労働保険の成立手続きはおすみですか」等

（2）失业保险

失业保险在日本称为雇佣保险，是在劳动者失业或再就业困难时，给予员工的用于维持生活稳定、促进再就业的保障。另外，在经营者雇佣困难时，失业保险也会给予经营者一定的补助金，目的是稳定企业经营、维护就业稳定。

日本的失业保险与我国的失业保险同称为失业保险，但内容上比我国失业保险中包含的内容更丰富。例如，在支付种类方面，日本的失业保险中除了有面向个人的保险金支付外，还存在着面向经营者的保险支付，其中包括了以促进企业雇佣稳定为目的支付给雇佣困难企业的雇佣调整补助金，以及以强化企业的员工培训和员工能力开发为目的支付给企业的职业培训补助金等。

如果仅从日本的失业保险制度来看，日本失业保险的加入对象原则上是一周内工作时间超过20小时、预计工作期间超过31天的所有员工。法律规定任何一个拥有超过一个员工的雇主都有义务为其员工申请缴纳失业保险金。失业保险的缴费比例一般是员工工资总额的1.35%，其中，雇主负担0.85%，员工负担0.5%，且根据行业类型不同，缴费比例会相应变化。

表5-13 失业保险的基本内容（2015年）

项目	失业保险
适用范围	每周工作时间超过20小时、预计雇佣期间超过31天的员工
缴付方式	除特殊行业（如农林水产业、建筑业等）外，原则上与员工意外保险合并申请缴付
缴费比例	根据行业类型不同，缴费比例不同，一般是员工工资总额的1.35%，其中，雇主负担0.85%，员工负担0.5%；农林水产业的缴费比例为1.55%（雇主0.95%、员工0.6%），建筑行业的缴费比例为1.65%（雇主1.05%、员工0.6%）
保险费的支付种类	<u>面向个人的保险金支付</u> ①求职者保险 ◇ 支付给未满65周岁的一般被保险对象的失业金（包括基本津贴、用于学习新技能的津贴等） ◇ 支付给已满65周岁、仍继续被雇佣的高龄员工的失业金 ◇ 支付给短期雇佣的被保险对象的失业金 ◇ 支付给按天雇佣的被保险对象的失业金 ②促进再就业保险 ◇ 促进就业补助金等 ③职业教育培训保险 ◇ 职业培训补助金 ④继续雇佣保险 ◇ 高龄员工继续雇佣保险金 ◇ 育儿休假期间支付给员工的育儿休假补贴 ◇ 看护休假期间支付给员工的看护休假补贴 <u>面向经营者的保险金支付</u> ①以促进企业的雇佣稳定为目的支付给企业的保险金，如为雇佣调整企业（因经济波动、产业结构变化导致雇佣减少的企业）支付的补助金等 ②以强化企业的员工培训和员工能力开发为目的支付给企业的保险金，如职业培训补助金等
保险费的领取	<u>面向个人的保险费支付</u> 根据失业原因及保险金缴费年限不同，支付的金额不同；一般向所属的公共职业安定所申请领取 <u>面向经营者的保险金支付</u> 向所属的公共职业安定所申请领取

来源：日本厚生劳动省官方资料「労働保険の成立手続きはおすみですか」等

第四节
日本的社会保障协定

在日本的社会保障体系中，还存在一种由不同国家共同签署且共同遵照执行的社会保险制度，统称为社会保障协定。

1. 社会保障协定的目的

共同签署社会保障协定主要有两个目的：一是当来自一个国家的员工在另一个国家工作而需要就同一收入在两国缴纳保险金时，可适当消除双重社会保险；二是可解决外派员工的保险中断等问题。

首先，如果没有社会保障协定，员工在国外工作时可能要同时适用两国的社会保障制度。此时，两国通常都会要求雇主或员工就其工资缴纳社会保险金。这种缴纳双重社会保险的事例并不罕见，尤其对于跨国公司而言更普遍，给需要跨境工作的雇主和员工造成了沉重的负担。一方面，雇主为了保证员工在国外工作时不因双重社会保险导致实际收入减少，不得不为员工再负担一份社会保险金；另一方面，如果雇主不为员工承担这部分金额，必须由员工自行承担，这对员工来说也是一种负担。

签订社会保障协定可以一定程度上解决上述双重保险的问题。大多数的社会保障协定中明确规定了消除双重社会保险的条款，例如允许短期出国工作人员或临时派遣人员等只适用派遣地国家的社会保障制度等。

其次，针对外派员工社会保险缴纳中断等问题，社会保障协定中也给出了相关的处理方案。如员工可能会因为外派工作导致在一国缴纳的社会保险年限未达到一定标准、因而无法享受一国或两国的退休、失去行动能力或赡养补助等。社会保障协定中会针对这一问题制定连续计算条款，允许员工连续计算其工作年限，继而部分或完整地享受两国的补助，以解决外派员工的保险中断等问题。

2. 社会保障协定的现状

现阶段，已与我国签署社会保障协定的国家共有五个，分别是德国、韩国、丹麦、芬兰和加拿大。目前，由于社会保障协定对跨国投资或跨国人才的流动有益，因此与我国经济贸易往来密切的国家，都正积极与我国协商签署社会保障协定。我国与日本的双边社会保障协定正在积极协商与筹备中。

日本商务礼仪　小贴士

座次

对于地位较高的一方和客人，尽可能让对方坐在比较好的位置，屋内最好的座位称为“上座”。相对而言，地位较低的一方和招待方所坐的位置称为“下座”或者“末席”。

基本上离入口最远的位置是上座，离入口最近的位置是下座。以下根据这个原则，来确认下各个场景的座次（以下号码的顺序是从地位较高的一方开始形成的座位形态）。

基本的座次

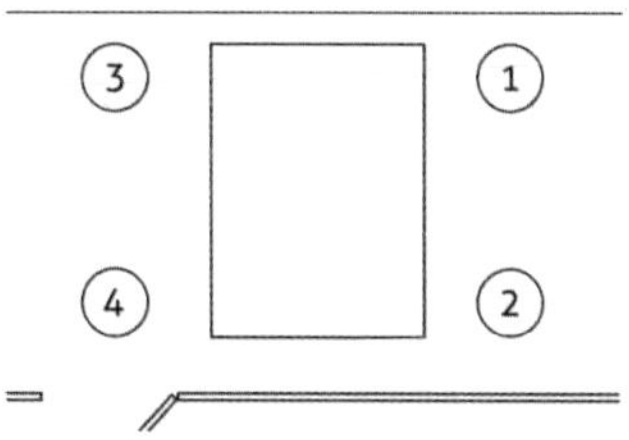

在接待室的座次

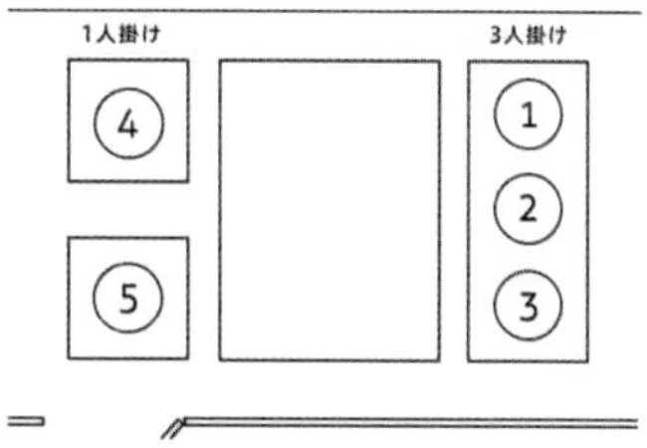

在会议室招待客人的座次

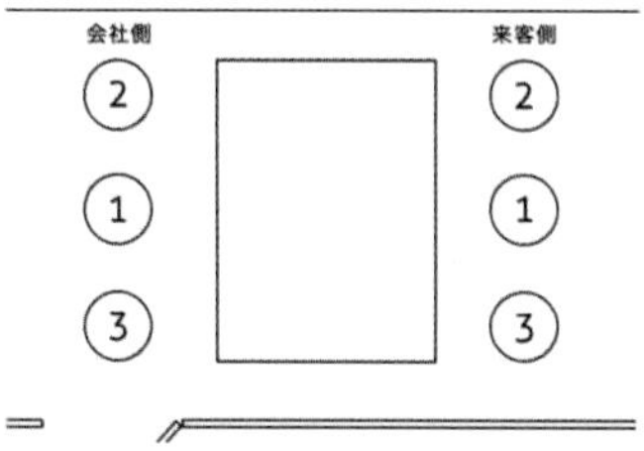

在电梯内的座次

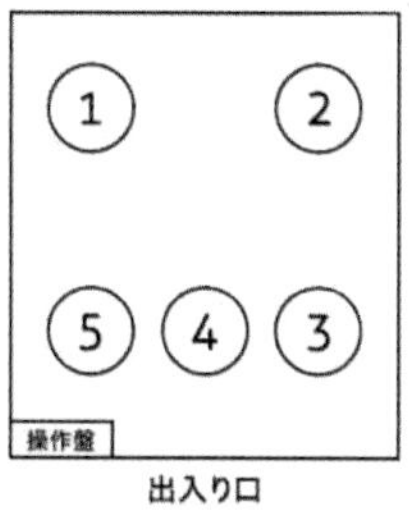

第六章
日本 IPO[①]

① 首次公开募股（Initial Public Offerings，简称 IPO）。

第一节
日本市场的魅力和特征

1. 世界第三大经济圈

根据 IMF《世界经济展望》2015 年 10 月版的最新统计数据显示，日本在 2015 年度以 GDP 总量 41 162.42 亿美元，继美国和中国之后，成为世界第三大经济圈。日本以其拥有 GDP 世界排名第三的经济规模，能够为在东京证券交易所（以下简称东证）上市的企业提供绝佳的商业机会。

2. 拥有世界最大的机构投资者

根据最新统计的 2013 年度 P & I / TW 300 Pension Funds Analysis 的数据分析，世界净资产额排名前 12 位的基金中，就有日本的两个机构投资者。一个是世界最大的机构投资者 GPIF（年金公积金管理运用独立行政法人），GPIF 的运用资产额在 2015 年 3 月末达到 144 兆日元（合 US＄1.2 trillion），占外国股票有价证券财产目录的 20.89%，投资额高达 30 兆日元（合 US＄251billion）。另一个是运用资产额排名世界第 12 位的地方公务员共济组合联合会。由此可以看出，很多拥有世界顶级运用资产额的年金基金正积极地参与到日本投资市场中。

另外，2013 年度 P & I / TW 300 Pension Funds Analysis 的分析数据显示，日本拥有机构投资者共 14 家，其合计运用资产额占世界排名前 300 家机构投资者的运用资产总额的 13%，日本是仅次于美国，世界排名第二的机构投资者所在国。

3. 丰富的个人金融资产

据统计，日本国内个人持有的金融资产在 2015 年 3 月末达到了 1 708 兆日元（合 US＄14. 23trillion）。日本个人投资者向海外股票、海外公司债券的投资正在呈现持续增长的趋势。

4. 与国际投资者的接轨

东证市场是包括欧美有实力的机构投资家在内，面向海外投资家的最大交易平台之一，2014 年海外投资家的买卖交易金额已达到了 680 兆日元（合 US＄5. 7rtillion）。由此我们也可以看出，世界各国投资家对东证市场的关注。在东证市场上市，一定程度上可以说将会有助于公司与国际投资者的接轨。

第二节 东证的市场构成和现状

1. 市场构成

东证由“东证一部”、“东证二部”、“Mothers”（Market of the high - growth and emerging stocks的简称，类似于中国的创业板）、“JASDAQ”以及“TOKYO PRO Market”五个市场组成，详见图6-1。东证一部和东证二部（统称“主板市场”）主要是针对日本国内大型及中坚上市公司，尤其是东证一部，其规模和流动性均居世界前列。“Mothers”不限制企业规模和行业种类，面向今后有望登陆东证一部、东证二部并且发展前景良好的新兴企业。而JASDAQ则是基于信赖性、革新性、地域国际性这三个理念，面向多样化且处于成长阶段的企业。其内设“standard”和“growth”①两个基准板块。TOKYO PRO Market只限定于专业投资人（机构投资者），其特点是具有灵活的规章制度体系。

2. 拥有市场规模亚洲排名第一的传统型证券市场

东京证券交易所的前身是1878年设立的东京株式会社交易所。拥有长达136年的悠久历史，一直担负着日本国内外企业及投资者筹措和运用资金的重任。

东京证券交易所2014年年末的市价总额是525兆日元（US＄4 378billion），

① “standard”是指拥有一定事业规模和业绩，预期会事业扩张的企业群体；“growth”是指拥有特色的技术或者商业模式，极具未来成长可能性的企业群体。

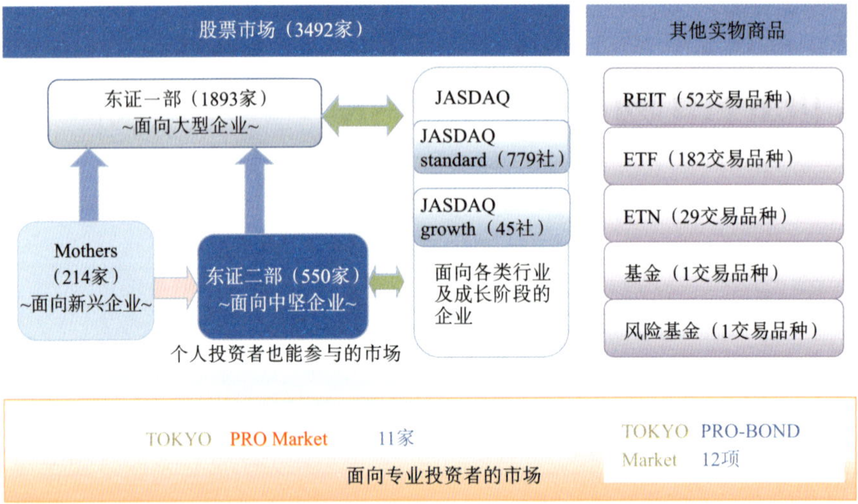

来源：东京证券交易所，《2015 年 IPO 指南—外国公司篇》，P. 11，2015 年 6 月 30 日时点数据

图 6－1 东证市场构成

世界排名第三、亚洲排名第一。庞大的市场规模和上述包含个人金融资产在内的丰富投资资金，使其拥有了灵活多样性，且能适应募集资金的各种需求。

3. 世界为数不多的成交规模大且流动性高的市场

东证市场在 2014 年市场整体日均成交额达 2 兆 6357 亿日元（US＄22.0 billion），是世界上流动性较高的市场之一。

4. 各股票市场近况

（1）国内股票

截至 2015 年 12 月末，在东证各大市场上市的日本国内公司数量、上市股票数量、总市值以及 IPO 公司数量如表 6－1 所示。

表 6－1 国内股票（数据截至 2015 年 12 月末）

项目	东证一部	东证二部	Mothers	JASDAQ		TOKYO PRO Market	合计
				standard	growth		
上市公司数量（家）	1 934	543	220	747	44	14	3 502
上市股票数（亿股）	4 024	145	34	106	5	0.2	4 314
市值（亿日元）	5 718 329	63 401	32 700	80 600	2 745	113	5 897 888
新上市公司数量（2015 年 1～12 月）	16	11	62	15	0	6※	110

来源：日本交易所集团，市场情报，统计情报（股票相关），统计月报，股票总括表，

http：//www. jpx. co. jp/markets/statistics－equities/monthly/00－archives－01. html

日本交易所集团，股票·ETF·REIT 等，新增上市基本信息，最近的新上市情况，

http：//www. jpx. co. jp/equities/listing－on－tse/new/basic/04_ archives－01. html

（2）外国股票

截至 2015 年 12 月末，在东证各大市场上市的外国公司数量如表 6－2 所示。

表 6－2 外国公司股票（2015 年 12 月末）

项目	东证一部	东证二部	Mothers	JASDAQ		TOKYO PRO Market	合计
				standard	growth		
上市公司数量（家）	6	1	1	1	0	0	9

来源：日本交易所集团，上市公司信息，各交易品种信息，上市公司数量，

http：//www. jpx. co. jp/listing/stocks/co/index. html

第三节 上市流程

外国公司在日本申请上市时，上市审查流程因公司设立所依据的法律以及所采用的会计准则的不同而有所差异。通常，东证市场的上市审查大约需要3个月（Mothers、JASDAQ大约需要2个月，TOKYO PRO Market原则上是10个工作日）；获得认可后，公开募集手续大概需要1个月。上市审查将由东证或者受东证委托的日本交易所自主规制法人实施。在实质性审查的前一阶段，通过日本的证券公司（俗称“券商”）可以和日本交易所自主规制法人进行事先商谈，以便能够顺利地进行审查准备，详见图6-2。

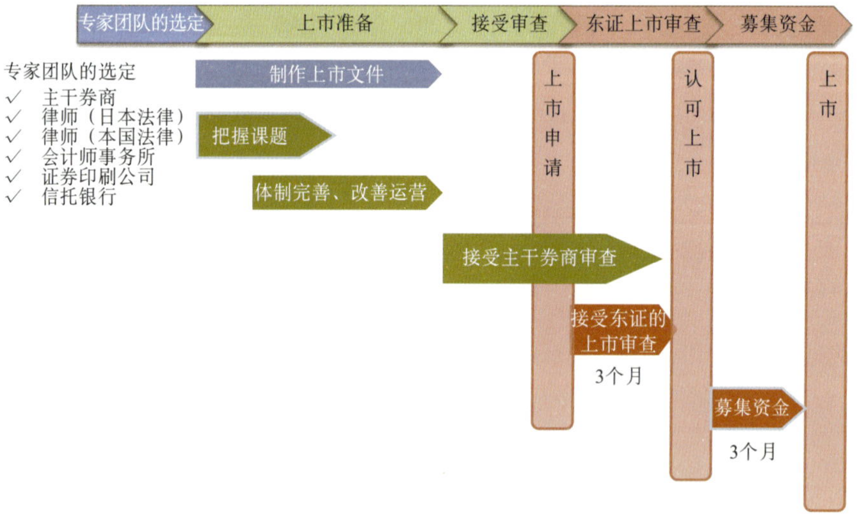

来源：东京证券交易所，《2015年IPO指南——外国公司篇》，P. 18

图6-2 日本上市流程

1. 外部专家团队的选定

首先，外国公司申请在日本上市时，需要选择一些起主要作用的主干证券公司（俗称“券商”）、律师事务所、会计师事务所（日语为“监查法人”）、证券印刷公司以及信托银行等外部专家团队。

券商除了与计划新上市的公司签订合同提供业务外，也提供上市意见、上市日程策划等相关咨询服务。同时，券商也将参与到企业新上市的整体准备过程中，并负责向证券交易所提交推荐信。

律师事务所在公司上市时负责确认法律相关的必要事项，制作法律意见书和发布资料等。上市后作为上市外国公司的代理人，将起到公示企业信息的作用。

会计师事务所在公司会计架构策划、财务报表完善方面提供意见的同时，也负责对财务报表进行审计并发表审计意见。

由于外国公司在日本上市后与日本的股东建立了关系，所以信托银行会代为办理发行股票的有关事务。除此之外，信托银行也会负责红利支付等相关方面业务。

2. 会计师事务所的审计业务

一般来说，准备上市的公司需要在其上市目标年度的前 2 年开始接受会计师事务所的审计。图6－3 是以公司申请上市过程中以会计师事务所的介入时点为轴，绘制的公司申请上市基本日程表。

（1）短期调查

短期调查（相当于中国上市流程中的尽职调查），是指会计师事务所针对上市过程中可能存在的相关问题，对申请上市企业实施的一种事前调查。会计师事务所出具的短期调查报告是用来梳理日后上市准备工作所必须面对的重要课题的报告，而且，短期调查报告不仅仅供企业管理层使用，在上市审核过程中，证券交易所和券商等也会关注短期调查报告内容。因此短期调查报告要求具有一定的高质量和完整性。

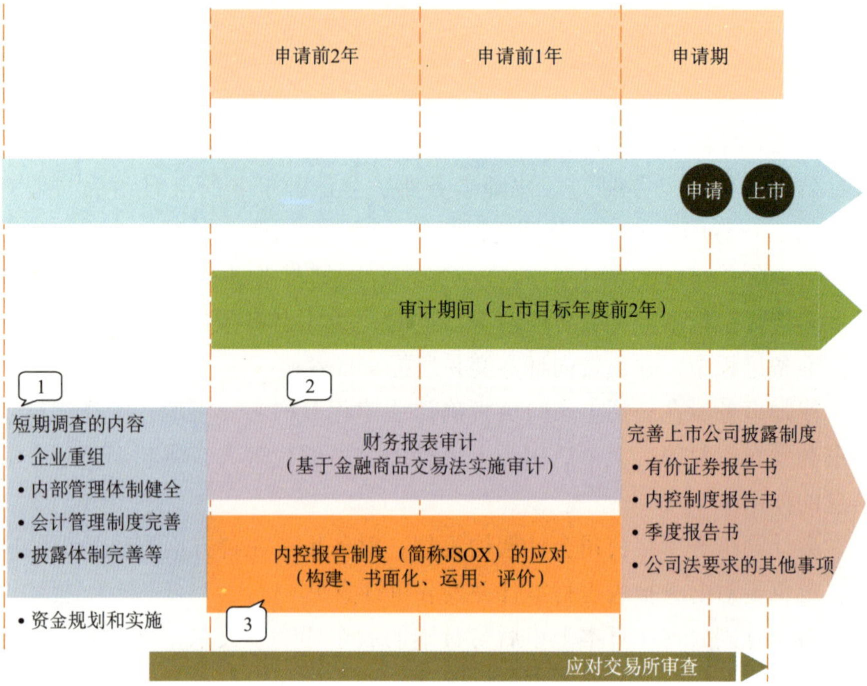

来源：日本公认会计士协会，《IPO 事前准备指引》，P. 3

图 6－3　日本 IPO 的基本日程表

1 公司概况的把握

（1）设立背景/公司沿革
（2）公司集团/业务变迁
（3）经营方针/业务开拓方针
（4）集团内各公司的业务内容/业绩/作用等
（5）把IPO作为目标的理由
（6）业务点（店铺/物流基地等）的开展情况

2 商业模式等的把握

（1）公司业务的特征
（2）公司业务所属市场的情况
（3）同业中其他上市公司的情况（基准）
（4）SWOT分析
（5）研发机制等的确认
（6）重要知识产权等的有无/保护体制
（7）法律限制/行政指导的概要
（8）许可/执照/注册等情况
（9）重要的经营合同

3 经营管理组织的完善

（1）股东构成和股东大会的运营情况
（2）董事构成（包括利害关系/兼任情况等）
（3）董事会的构成和职能
（4）监事/监事会的构成和内部审计的情况
（5）组织构成（基本组织的完善情况）
（6）J-SOX及内部审计制度
（7）职位权限的适当转交 · 书面申请制度
（8）章程的完善
（9）各规章制度的完善
（10）合规体制
（11）其他（Company Level Control）

4 利润管理体制的完善

（1）中期经营计划（事业计划）的制定情况
（2）单年度预算的制定情况
（3）预算管理制度（预实的背离情况/预实分析）
（4）月度决算的精确度和及早处理

5 业务管理体制的完善

（1）销售流程
（2）采购流程
（3）库存管理流程
（4）成本核算流程
（5）人事 · 劳务管理流程
（6）财务管理流程
（7）决算 · 财务报告流程
（9）其他主要业务流程

6 IT系统全面控制的完善

（1）IT系统的概况图
（2）IT全面控制的完善

7 会计处理的相关事项

（1）集团会计政策
（2）应调整的会计处理/税务处理的探讨
（3）财务报表的修正
（4）决算的审核（主要科目的调查）

8 关联公司的整理

（1）关联公司的概要
（2）关联公司交易概要
（3）对关联公司的整理进行探讨
（4）对重新审核关联公司交易进行探讨

9 与其他关联方等的交易

（1）关联方等的把握
（2）与关联方等的交易概要
（3）关于取消关联方交易的探讨

10 关于上市准备工作的探讨

（1）IPO准备体制
（2）应对IPO后需及时披露的公司内部体制
（3）上市准备的日程表
（4）IFRS的使用评估
（5）其他

图 6－4　短期调查的调查项目（例）

（2）财务报表审计

公司申请上市需要准备有价证券申请书、有价证券报告书等资料，其中也包含财务报告等。通常情况下，申请上市的公司有必要提供由会计师事务所出具的申请上市前2年的审计报告（TOKYO PRO Market 为最近的1年）等资料，这也要求申请上市公司尽早与会计师事务所洽谈合作，并接受会计师事务所对其财务报表的审计。

表6-3 日本IPO财务报表的上市披露要求

项　目	披露期间	是否需要审计
合并财务报表	2年	需要
单体财务报表	5年	过去2年需要

注1：除非在不切实可行的情况下，原则上合并报表中的关键经营指标信息（如销售收入、利润、净资产等）应披露过去5年数据。

注2：外国公司可以选择披露过去3年经法定审计的合并/单体财务报表。在这种情况下，无须披露过去5年的单体财务报表。

如果是外国公司，也可以使用外国会计师事务所出具的与审计报告类似的证明资料来代替上述审计证明资料。在实践中，外国公司如果已接受了外国会计师事务所的审计并能出具上述证明资料，且该外国会计师事务所已获得日本金融厅的认可，一般不用再接受日本公认会计士（相当于中国的注册会计师）或日本会计师事务所的审计。但需要强调的是，这一情况成立的前提条件是该申请上市公司已就其合作的外国会计师事务所向日本金融厅提出申请，并且其合作的外国会计师事务所已经获得金融厅的批准认可。

外国公司的财务报告编制基准与日本国内公司一样，在符合一定条件的情况下，可以遵照日本会计准则编制，也可以遵照国际会计准则（IFRS）或者美国会计准则编制。

表6-4 日本IPO财务报表的公认的会计准则

原则上	日本会计准则或者国际会计准则（IFRS）
例外事项1	美国证券交易委员会注册会员许可使用的、并经日本金融厅认可的会计准则。
例外事项2	满足以下条件的会计准则： （1）已公开披露按照该国或其他国家的会计准则制作的财务报表； （2）日本金融厅厅长批准认可的会计准则。 注：目前为止，中国企业会计准则尚未得到日本金融厅厅长的批准认可。

表 6－5　　如果母公司采用日本会计准则，则其海外子公司适用的会计准则

原则上	日本会计准则
例外事项	国际会计准则（IFRS）或者美国会计准则 以下项目要进行并表层面的准则转换调整： ◇ 商誉必须分摊处理； ◇ 研发费必须在发生时费用化处理，即不可资本化； ◇ 投资性房产的公允价值变动调整以及固定资产的估值调整等都不允许，需要准则转换。

举例说明：

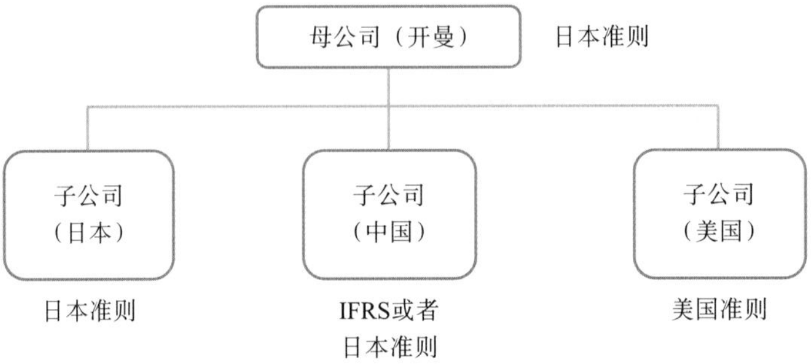

综上所述，鉴于日本在积极促进导入 IFRS，中国企业会计准则与 IFRS 又极为趋同，对于今后有意去日本 IPO 的中国企业，可以考虑选用 IFRS 作为日本 IPO 合并报表制作的适用会计准则。

（3）内控报告制度（JSOX）的应对

公司上市以后需要建立自身的内控报告制度（在 TOKYO PRO Market 上市的公司，可任意选择），因此公司自申请上市之日起，就有必要开始接受外部对其内控制度的审计。从内部控制报告制度（JSOX）于 2009 年引入日本，并要求公司在上市之后立即适用，所以准备在日本 IPO 的公司需要在上市之前完成 JSOX 的实质性应对。但是，如果对 JSOX 和上市准备两项工作分别进行应对的话，会发生巨大的工作重复和损失，且由于此类前期准备非常耗时，建议尽早和会计师事务所沟通应对。

3. 证券公司的上市指导与审查

不同的证券公司，对上市申请公司的上市指导与审查流程不同。即使是同一家证券公司，也会因为申请者的公司体制、财务、经营情况及市场

状况的不同，在上市指导与审查流程方面存在差异。

一般来说，申请上市的公司要就其资本政策的制定、上市申请资料的制作、相关资格的公示、经营的可持续性、企业治理与内部管理体制的情况、财务状况、经营业绩、盈利前景、资金使用的规划、公司内容公示等方面，接受证券公司的上市指导与审查。如果证券公司通过对上述各项的审查判断该公司可以申请上市，证券公司将向东证提交推荐信，推荐其在东证上市。

4. 东证的上市审查

公司在东证上市前，要先接受东证的上市审查。东证的上市审查基准主要分为“形式基准”与“实质基准”两类。满足“形式基准”的公司，东证将对其股票进行“实质基准”方面的审查。需要指出的是，如果有价证券的发行者是外国人或外国法人，东证在审查的过程中，会考虑证券发行者本国的法律制度与实务经验等，并在此基础上，灵活运用东证的审查基准实施审查。

另一方面，根据公司申请上市的股票市场的不同，东证的“形式基准”与“实质基准”的审查内容也不同。在日本主板市场（东证一部、东证二部）申请上市时，“形式基准”的审查主要包括对公司申请上市时的预计股东人数、流通股、市值、资产净额、利润额、公司经营年数等的审查。“实质基准”的审查主要针对公司能否持续经营并有稳定的收益来源，能否公平可靠地完成业务，是否已建立合理的公司治理体系及内部管理制度并已将其有效运行，能否合理披露公司的相关情况，以及其他东证从“公益性及投资者保护”的观点出发认为有必要确认的事项等方面实施审查。而如果在东证主板市场以外的“Mothers”、“JASDAQ”、“TOKYO PRO Market”上市，要接受的“形式基准”及“实质基准”审查的内容则与上述不同。

另外，如果一家外国公司已在本国的股票市场上市又同时希望能在东证上市，与只在东证上市相比，该公司要接受的“形式基准”审查内容也将发生变化。但在“实质基准”审查方面，除了一些多地上市的例外情况，对多地上市公司的审查基本适用与其他公司相同的审查原则。

5. 上市的相关费用

东证上市的费用主要包括表 6 -6 列示的几项。由于公司的上市费用会受申请上市公司的规模、公开募集及发行金额、发行股票数量等的影响，所以此处只列示了与上市相关的标准费用。另外，表6－6中列示的“上市审查费”、“新上市费用”、“公开募集和发行费用”、“年度上市费”等，会根据公司选择上市的股票市场不同而发生变化。

表6－6　　东证上市的相关费用

上市相关费用	金　额
上市审查费	300万～2 000万日元
新上市费用	
公开募集和发行的相关费用	
年度上市费用	10万～500万日元
会计师事务所费用（审计费）	600万～1 500万日元
证券公司咨询费	500万～1 000万日元
IPO咨询费	500万～1 000万日元
有价证券申请书，招股说明书等的印刷费用	1 000万～2 000万日元
证券事务代理费	400万～500万日元

注：以上各类费用均不含税。在实际支付时，公司除负担上述费用外，还应支付与该费用相关的消费税及地方税等。

（1）IPO费用

申请在东证一部、二部及Mothers、JASDAQ上市的公司向东证支付的费用主要包括：①上市审查费；②IPO费用；③公开募集和发行的相关费用。各项费用的具体金额及计算方法参照表6－7。

表6－7　　上市费用（东京一部、二部、Mothers、JASDAQ）

项　目	以东证为主要市场		Mothers	JASDAQ
	东证一部	东证二部		
①上市审查费	400万日元	400万日元	200万日元	200万日元
②IPO费用	1 500万日元	1 200万日元	100万日元	600万日元
③公开募集和发行费用	发行股票数量×发行价格×（9/10 000） 流通股票数量×销售价格×（1/10 000）		发行股票数量×发行价格×（9/10 000） 流通股票数量×销售价格×（1/10 000）	—

注：以前提交过上市申请或预备上市申请，且从上次提交上市申请之日（如果以前提交的是预备上市申请，上市申请日以有价证券预备上市申请书中记录的预计上市申请日为准）所属年度的首日起3年内再次提交上市申请的公司，费用减半。

（2）年度上市费用

公司在东证上市后，需要每年向东证支付一定的上市维护费，具体金额如表6－8、表6－9所示。除此之外，上市公司还要向东证支付一定的TDnet（Timely Disclosure network）使用费，在东证一部、二部、Mothers及TOKYO PRO Market上市的企业，每年需要支付的TDnet使用费为12万日元（不含税），在JASDAQ的上市公司每年须支付的费用为85 000日元（不含税）。

表6－8　　年度上市费用（东证一部、二部、Mothers、TOKYO PRO Market）

单位：日元

市　值	以东证为主要市场			
	市场一部	市场二部	Mothers※	TOKYO PRO Market
50亿日元以下	96万	72万	48万	48万
50亿日元至250亿日元	168万	144万	120万	120万
250亿日元至500亿日元	240万	216万	192万	192万
500亿日元至2 500亿日元	312万	288万	264万	264万
2 500亿日元至5 000亿日元	384万	360万	336万	336万
5 000亿日元以上	456万	432万	408万	408万

※在Mothers上市的企业上市后的3年内，可享受年度上市费用减半的政策。

表6－9　　年度上市费用（JASDAQ）

市　值	JASDAQ
不超过1 000亿日元	100万日元
超过1 000亿日元	120万日元

日本商务礼仪　小贴士

服装

在日本的商务文化中，保守的灰色或者藏青色是西服套装的不二之选，虽然在日本也渐渐地开始接受很有设计感的衣服，白衬衫搭配暗色的领带仍被认为是最稳妥的选择。在大公司或具有一定规模的公司，政府机关内，虽然到现在大家也普遍穿着保守的西服套装，但里面搭配一件亮色的衬衫也早已见怪不怪。

在进入室内和宴会厅时，一定要记得脱下鞋子。由于袜子很容易被他人注意，选择素色并且保持洁净的袜子通常不会错。女性最好穿着和佩戴得体的服装和首饰，香水和化妆也应适宜。虽然根据职业类型会有所区别，在一般日本的商务文化中，女性大多穿着西裤或者西装裙子，搭配高跟鞋。

日本文化中非常重视整洁。皱皱巴巴的西服套装或者衬衫是禁忌。男性即使在夏天也通常穿长袖外套，在外出访问时想要脱掉外套前，必须说“请允许我脱下外套”后方能脱掉外套，但如果对方依然穿着外套，那就请稍稍忍耐一下吧。

附录1
参考文献和网站

第一章

日本国土交通省国土地理院．新版日本国势地图
日本总务省统计局．2015 年国势调查人口速报统计，P. 6 ~ 8
日本厚生劳动省．2014 年工资构造基本统计调查报告，P. 16
日本统计局．劳动力调查报告，P. 1
日本经济产业省．2014 年商业统计报告，P. 2
国际货币基金组织．2016 年 4 月世界经济展望，P. 37
美国财富杂志．2015 年世界 500 强排行榜
Telecoms Firms Lead WIPO International Patent Filings，Annex 2.
日本贸易振兴机构．对日投资现状与日本贸易振兴机构的活动，P. 10
首相官邸．日本经济柔软成长战略，P. 44
日本贸易振兴机构．日本投资报告，P. 20
日本财务省．1950 ~ 2015 进出口动向表——日中贸易表，P. 1 ~ 3
日本财务省．1950 ~ 2015 进出口动向表——各国对日贸易表，P. 1 - 2
日本财务省、日本银行．国际收支统计（第六版）国别投资表，P. 1
日本政府观光局．访日外国观光客动向，P. 1 ~ 14
东京三菱 UFJ 银行．日本的外国患者医疗现状，P. 12
瑞士信贷公司．2015 年世界健康资料手册，P. 1
经济产业省资源能源厅．2014 年日本能源报告，P. 2
日本内阁府．2016 年社会老龄化现状报告，P. 1
全国老龄工作委员会．2013 年中国老龄事业发展报告，P. 1

第二章

日本公司法

中国（上海）自由贸易试验区境外投资项目备案管理办法，2013－9－29

国家外汇管理局关于进一步简化和改进直接投资外汇管理政策的通知（2015年6月1日起生效），2015－2－13

第三章

日本公司法

日本会计小六法

日本监查小六法

中国企业会计制度

东京证券交易所官方网站

第四章

税务大学校．《税法入门》．平成27年版

一般财团法人．大藏财务协会．《图解所得税》．平成27年版

一般财团法人．大藏财务协会．《图解消费税》．平成27年版

一般财团法人．大藏财务协会．《图解法人税》．平成27年版

税务大学校．《所得税法（基础篇）》．平成27年版

国税厅．2016年法人税法改制概要

东京都主税局．法人都民税概要

东京都主税局．法人事业税概要

东京都主税局．地方法人特别税概要

税务大学校．《消费税法（基础篇）》．平成27年版

税务大学校．《法人税法（基础篇）》．平成27年版

中国的《个人所得税法实施条例》

中国的《企业所得税法实施条例》

中国的《增值税实施细则》

NLI 基础研究所．海外资金对日不动产投资动向（2015 年）资产风险回避对不动产投的影响，http：//www. nli – research. co. jp/report/detail/id =52693，2016 –4 –12，4 –5

东京证券交易所．东京证券交易所官方 J – REIT 指南，2016 –1 –18，3 –4

固定资产税务研究会．2015 年度版固定资产税概说，2015 –8 –1，222

总务省官方网站

国税厅官方网站 https：//www. nta. go. jp/taxanswer/inshi/7191. htm

第五章

日本劳动基本法

日本劳动合同法

日本最低工资法

日本育儿和看护停工法

日本国入国管理局主页 http：//www. immi. – moj. go. jp/tetuduki/kanri/qaq5/html

第六章

东京证券交易所．2014 年股票分布情况调查结果

东京证券交易所．2015 年 IPO 指南——外国公司篇，P. 10

东京证券交易所．2015 年 IPO 指南——外国公司篇（2015 年 6 月 30 日时点数据），P. 11

东京证券交易所．2015 年 IPO 指南——外国公司篇，P. 18

日本公认会计士协会．IPO 事前准备指引，P. 3

日本环境省：http：//www. env. go. jp/

日本国土交通省观光厅：http：//www. mlit. go. jp/kankocho/

日本旅行业协会（JATA）：http：//www. jata – net. or. jp/

日本 Hotel 协会：http：//www. j – hotel. or. jp/

日本交易所集团：http：//www. jpx. co. jp/

入国管理局主页：http：//www. immi – moj. go. jp/

日本总务省官方网站：http：//www. soumu. go. jp/main_ sosiki/jichi_

zeisei/czaisei/czaisei_ seido/ichiran01. html

国税厅官方网站：https：//www. nta. go. jp/taxanswer/inshi/7191. htm

经济产业省资源能源厅：http：//www. enecho. meti. go. jp/

注：本书汇率均以 100 日元 =6 元人民币进行匡算

附录 2
省略语一览表

第一章

MOF：Ministry of Finance（财务省）
JR：Japan Railways（日本铁路公司）
GDP：Gross Domestic Product（国内生产总值）
JETRO：Japan External Trade Organization（日本贸易振兴机构）
O – BIC：Osaka Business and Investment Center（大阪商务投资中心）
IBPC：International Business Promotion Center（大阪投资促进中心）
WIPO：World Intellectual Property Organization（世界知识产权组织）
SNS：Social Networking Services（社会性网络服务）

第三章

Full Payout：全额偿付融资租赁
ROA：Return on Assets（即资产收益率）
IFRS：International Financial Reporting Standards（国际财务报告准则）

第四章

PE：permanent establishment（常设机构）
NPO：non – profit organization（非营利组织）
J – REIT：Japanese Real Estate Investment Trusts（日本房地产投资信托

基金）

REIT 指数：Real Estate Investment Trusts 指数（房地产投资信托基金指数）

NLI 基础研究所：NLI Research Institute（东京日生基础研究所）

BEPS：Base Erosion and Profit Shifting（税基侵蚀和利润转移）

条款使用的符号简称

1、2：“条”　　①、②：　“款”　　一、二：“号”

示范例：法法 13②一：法人税法第 13 条第 2 款第 1 号

所法：所得税法（昭和 40 年 3 月 31 日法律第 33 号）

法法：法人税法（昭和 40 年 3 月 31 日法律第 34 号）

消法：消费税法（昭和 63 年 12 月 30 日法律第 108 号）

地法：地方税法

措法或租特：税收特别措置法（昭和 32 年 3 月 31 日法律第 26 号）

通则或税通：国税通则法（昭和 37 年 4 月 2 日法律第 66 号）

通则令：国税通则法施行令（昭和 37 年 4 月 2 日政令第 135 号）

措令：租税特别措置法施行令（昭和 32 年 3 月 31 日政令第 43 号）

措通：租税特别措置法关联通知（昭和 50 年 2 月 14 日直法 2－2（例规））

税征：国税征收法

税犯：国税犯则取缔法

所令：所得税法施行令（昭和 40 年 3 月 31 日政令第 96 号）

法令：法人税法施行令（昭和 40 年 3 月 31 日政令第 97 号）

消令：消费税法施行令（昭和 63 年 12 月 30 日政令第 360 号）

地税令：地方税法施行令

租特令：税收特别措置法施行令（昭和 32 年 3 月 31 日政令第 43 号）

税通令：国税通则法施行令

所规：所得税法施行规则（昭和 40 年 3 月 31 日大藏省令第 11 号）

法规：法人税法施行规则（昭和 40 年 3 月 31 日大藏省令第 12 号）

消规：消费税法施行规则（昭和 63 年 12 月 30 日大藏省令第 53 号）

所基通：所得税基本通知（昭和 45 年 7 月 1 日直审（法）30 号（例规））

法基通：法人税基本通知（昭和 44 年 5 月 1 日直审（法）25 号（例规））

消基通：消费税法基本通知（平成7年12月25日课消2－25他4课共同）

租特通：税收特别措置法通知（昭和50年2月14日直法2－2（例规））

法耐令：关于折旧资产的折旧年限等的省令（昭和40年3月31日大藏省令第15号）

消地法：地方税法（昭和25年7月31日法律第226号）

法耐通：关于折旧年限的适用等的通知（昭和45年5月25日直法425（例规））

消样式通：关于消费税关系申告书等的样式的制定（平成7年12月25日课消2－26他4课共同）

第五章

春斗：日本劳动工会每年最大的集体活动发生在春季的2~3月份

日经联：日本经济团体联合会

第六章

IPO：Initial Public Offerings（首次公开募股）

IMF：International Monetary Fund（国际货币基金组织）

东证：东京证券交易所

GPIF：Government Pension Investment Fund（日本政府养老投资基金）

Mothers：Market of the high－growth and emerging stocks（类似中国的创业板）

REIT：Real Estate Investment Trusts（房地产投资信托基金）

ETF：Exchange Traded Funds（交易型开放式指数基金）

Etn：Exchange－Traded Note（交易所债券）

券商：即是经营证券交易的公司，或称证券公司

JSOX：the Japanese Sarbanes－Oxley Act（日本萨班斯·奥克斯利法案）

TDnet：Timely Disclosure network

附录 3
中日财税专业用语对照表

中　文	日　语	日语读法
资产负债表	貸借対照表	たいしゃくたいしょうひょう
利润表	損益計算書	そんえきけいさんしょ
所有者权益变动表	株主資本等変動計算書	かぶぬししほんへんどうけいさんしょ
现金流量表	キャッシュ・フロー計算書	きゃっしゅ・ふろーけいさんしょ
合并报表	連結財務諸表	れんけつざいむしょひょう
收付实现制	現金主義	げんきんしゅぎ
权责发生制	発生主義	はっせいしゅぎ
银行存款	銀行預金	ぎんこうよきん
银行账户	銀行口座	ぎんこうこうざ
存货	棚卸資産	たなおろししさん
在产品	仕掛品	しかかりひん
低值易耗品	低価額消耗品	ていかがくしょうもうひん
存货跌价准备	棚卸資産評価引当金	たなおろししさんひょうかひきあてきん
在途商品	積送商品	せきそうしょうひん
支票	小切手	こぎって
应收票据	受取手形	うけとりてがた
应收账款	売掛金	うりかけきん
贷款	貸付金	かしつけきん
坏账准备	貸倒引当金	かしだおれひきあてきん
预付账款	前渡金	まえわたしきん
其他应收款	未収金	みしゅうきん
无形资产	無形固定資産	むけいこていしさん

续表

中　文	日　语	日语读法
固定资产	有形固定資産	ゆうけいこていしさん
在建工程	建設仮勘定	けんせつかりかんじょう
商誉	のれん	のれん
借款	借入金	かりいれきん
折旧	減価償却	げんかしょうきゃく
摊销	償却	しょうきゃく
使用寿命	耐用年数	たいようねんすう
残值	残存額	ざんぞんがく
直线法	定額法	ていがくほう
融资租赁	ファイナンス・リース	ふぁいなんす・りーす
经营租赁	オペレーティング・リース	おぺれーてぃんぐ・りーす
固定资产减值准备	固定資産減損引当金	こていしさんげんそんひきあてきん
可收回金额	回収可能価額	かいしゅうかのうかがく
可变现净值	正味実現可能価額	しょうみじつげんかのうかがく
预计未来现金流量现值	見積将来キャッシュ・フロー総額の現在価値	みつもりしょうらいキャッシュ・フローそうがくのげんざいかち
应付票据	支払手形	しはらいてがた
应付账款	買掛金	かいかけきん
预收账款	前受金	まえうけきん
销售收入	売上高	うりあげだか
进货费用	仕入原価	しいれげんか
销售成本	営業原価	えいぎょうげんか
销售费用和管理费用	販売管理費用	はんばいかんりひよう
租税附加费	租税公課	そぜいこうか
业务招待费	交際費	こうさいひ
捐赠	寄付金	きふきん
个别计价法	個別法	こべつほう
先进先出法	先入先出法	せんにゅうせんしゅつほう
平均加成法	加重平均法	かじゅうへいきんほう
售价还原法	売価還元法	ばいかかんげんほう
期货交易	先物取引	さきものとりひき
期权交易	オプション取引	おぷしょんとりひき

续表

中　文	日　语	日语读法
金利掉期	金利スワップ	きんりすわっぷ
公允价值	公正価値	こうせいかち
衍生工具	デリバティブ	でりばてぃぶ
递延所得税资产	繰延税金資産	くりのべぜいきんしさん
递延所得税负债	繰延税金負債	くりのべぜいきんふさい
可抵扣暂时性差异	将来減算一時差異	しょうらいげんさんいちじさい
应纳税暂时性差异	将来加算一時差異	しょうらいかさんいちじさい
递延所得税会计	税効果会計	ぜいこうかかいけい
印花税	印紙税	いんしぜい
企业所得税	法人税	ほうじんぜい
个人所得税	所得税	しょとくぜい
增值税	消費税	しょうひぜい
销项税	売上税	うりあげぜい
进项税	仕入税	しいれぜい
股息红利	配当金	はいとうきん
税前列支	損金算入	そんきんさんにゅう
结转亏损	繰越欠損金	くりこしけっそんきん
汇算清缴	確定申告	かくていしんこく
源泉扣缴	源泉徴収	げんせんちょうしゅう
日本注册会计师	日本公認会計士	にほんこうにんかいけいし
会计师事务所	監査法人	かんさほうじん
审计	監査	かんさ
监事	監査役	かんさやく
董事	取締役	とりしまりやく
股东	株主	かぶぬし
章程	定款	ていかん
签证	査証（ビザ）	さしょう（ビザ）
分公司	支店	してん

附录4
中华人民共和国政府和日本国政府关于对所得避免双重征税和防止偷漏税的协定

中华人民共和国政府和日本国政府，愿意缔结关于对所得避免双重征税和防止偷漏税的协定，达成协议如下：

第一条　人的范围

本协定适用于缔约国一方或者同时为双方居民的人。

第二条　税种范围

一、本协定适用于下列税种：

（一）在中华人民共和国：

1. 个人所得税；

2. 中外合资经营企业所得税；

3. 外国企业所得税；

4. 地方所得税。

（以下简称“中国税收”）

（二）在日本国：

1. 所得税；

2. 法人税；

3. 居民税。

（以下简称“日本国税收”）

二、本协定也适用于本协定签订之日后增加或者代替第一款所列税种的相同或者实质相似的税收。缔约国双方主管当局应将各自税法所作的实质变动，在其变动后的适当时间内通知对方。

第三条　一般定义

一、在本协定中，除上下文另有解释的以外：

（一）“中华人民共和国”一语用于地理概念时，是指有效行使有关中国税收法律的所有中华人民共和国领土，包括领海，以及根据国际法，中华人民共和国有管辖权和有效行使有关中国税收法律的所有领海以外的区域，包括海底和底土；

（二）“日本国”一语用于地理概念时，是指有效行使有关日本国税收法律的所有日本国领土，包括领海，以及根据国际法，日本国有管辖权和有效行使有关日本国税收法律的所有领海以外的区域，包括海底和底土；

（三）“缔约国一方”和“缔约国另一方”的用语，按照上下文，是指中华人民共和国或者日本国；

（四）“税收”一语，按照上下文，是指中国税收或者日本国税收；

（五）“人”一语包括个人、公司和其他团体；

（六）“公司”一语是指法人团体或者在税收上视同法人团体的实体；

（七）“缔约国一方企业”和“缔约国另一方企业”的用语，分别指缔约国一方居民经营的企业和缔约国另一方居民经营的企业；

（八）“国民”一语是指所有具有缔约国任何一方国籍的个人和所有按照该缔约国法律建立或者组织的法人，以及所有在该缔约国税收上，视同按照该缔约国法律建立或者组织成法人的非法人团体；

（九）“国际运输”一语是指缔约国一方企业以船舶或飞机经营的运输，不包括仅在缔约国另一方各地之间以船舶或飞机经营的运输；

（十）“主管当局”一语，在中华人民共和国方面是指财政部或其授权的代表；在日本国方面是指大藏大臣或其授权的代表。

二、缔约国一方在实施本协定时，对于未经本协定明确定义的用语，除上下文另有解释的以外，应当具有适用于本协定的该缔约国有关税法所规定的含义。

第四条　居民

一、在本协定中，“缔约国一方居民”一语是指按照该缔约国法律，由于住所、居所、总机构或者主要办事处所在地，或其他类似的标准，在该缔约国负有纳税义务的人。

二、由于第一款的规定，同时为缔约国双方居民的个人，缔约国双方主管当局应当通过协议，确定该人为本协定中缔约国一方的居民。

三、由于第一款的规定，除个人外，同时为缔约国双方居民的人，应认为是其总机构或者主要办事处所在缔约国的居民。

第五条　常设机构

一、在本协定中，“常设机构”一语是指企业进行全部或部分营业的固定场所。

二、“常设机构”一语特别包括：

（一）管理场所；

（二）分支机构；

（三）办事处；

（四）工厂；

（五）作业场所；

（六）矿场、油井或气井、采石场或者其他开采自然资源的场所。

三、建筑工地，建筑、装配或安装工程，或者与其有关的监督管理活动，仅以连续超过六个月的为常设机构。

四、虽有第一款至第三款的规定，“常设机构”一语应认为不包括：

（一）专为储存、陈列或者交付本企业货物或者商品的目的而使用的设施；

（二）专为储存、陈列或者交付的目的而保存本企业货物或者商品的库存；

（三）专为另一企业加工的目的而保存本企业货物或者商品的库存；

（四）专为本企业采购货物或者商品，或者搜集情报的目的所设的固定营业场所；

（五）专为本企业进行其他准备性或辅助性活动的目的所设的固定营

业场所。

五、缔约国一方企业通过雇员或其他人员在缔约国另一方提供的咨询劳务，除适用第七款规定的独立代理人以外，这些活动（为同一个项目或两个及两个以上相关联的项目）在任何 12 个月中连续或累计超过六个月的，应认为在该缔约国另一方设有常设机构。

六、虽有第一款和第二款的规定，除适用第七款规定的独立代理人以外，当一个人在缔约国一方代表缔约国另一方的企业进行活动，如果符合下述条件之一的，这个人为该企业进行的任何活动，应认为该企业在该缔约国一方设有常设机构：

（一）这个人在该缔约国一方有权并经常行使这种权利代表该企业签订合同。除非这个人的活动仅限于第四款的规定，即使是通过固定营业场所进行活动，按照第四款规定，不应认为该固定营业场所是常设机构；

（二）这个人在该缔约国一方全部或者几乎全部代表该企业，或者为该企业以及该企业控制或被控制的其他企业经常接受订货单。

七、缔约国一方企业仅通过按常规经营本身业务的经纪人、一般佣金代理人或者任何其他独立代理人在缔约国另一方进行营业，不应认为在该缔约国另一方设有常设机构。

八、缔约国一方居民公司，控制或被控制于缔约国另一方居民公司或者在该缔约国另一方进行营业的公司（不论是否通过常设机构），此项事实不能据以使任何一方公司构成另一方公司的常设机构。

第六条　不动产所得

一、缔约国一方居民从位于缔约国另一方的不动产取得的所得，可以在该缔约国另一方征税。

二、“不动产”一语应当具有财产所在地的缔约国的法律所规定的含义。该用语在任何情况下应包括附属于不动产的财产，农业和林业所使用的牲畜和设备，一般法律规定的适用于地产的权利，不动产的用益权以及由于开采或有权开采矿藏、水源和其他自然资源取得的不固定或固定收入的权利。船舶和飞机不应视为不动产。

三、第一款的规定适用于从直接使用、出租或者任何其他形式使用不动产取得的所得。

四、第一款和第三款的规定也适用于企业的不动产所得和用于进行独立个人劳务的不动产所得。

第七条 营业利润

一、缔约国一方企业的利润应仅在该缔约国征税，但该企业通过设在缔约国另一方常设机构在该缔约国另一方进行营业的除外。如果该企业通过设在该缔约国另一方的常设机构在该缔约国另一方进行营业，其利润可以在该缔约国另一方征税，但应仅以属于该常设机构的利润为限。

二、从属于第三款的规定，缔约国一方企业通过设在缔约国另一方的常设机构在该缔约国另一方进行营业，应将该常设机构视同在相同或类似情况下从事相同或类似活动的独立分设企业，并同该常设机构所隶属的企业完全独立处理，该常设机构在缔约国各方可能得到的利润应属于该常设机构。

三、确定常设机构的利润时，应当允许扣除其进行营业发生的各项费用，包括行政和一般管理费用，不论其发生于该常设机构所在国或者其他任何地方。

四、如果缔约国一方习惯于以企业总利润按一定比例分配给所属各单位的方法来确定常设机构的利润，则第二款并不妨碍该缔约国按这种习惯分配方法确定其应税的利润。但是，采用的分配方法所得到的结果，应与本条所规定的原则一致。

五、不应仅由于常设机构为企业采购货物或商品，将利润归属于该常设机构。

六、在第一款至第五款中，除有适当的和充分的理由需要变动外，每年应采用相同的方法确定属于常设机构的利润。

七、利润中如果包括本协定其他各条单独规定的所得项目时，本条规定不应影响其他各条的规定。

第八条 海运和空运

一、缔约国一方企业以船舶或飞机经营国际运输取得的利润，应仅在该缔约国征税。

二、缔约国一方企业以船舶或飞机经营国际运输，该企业如果是中华人民共和国的企业，在日本国免除事业税；该企业如果是日本国的企业，在中华人民共和国免除类似日本国事业税的税收。

三、第一款和第二款的规定也适用于参加合伙经营、联合经营或者参加国际经营机构取得的利润。

第九条　联属企业

一、缔约国一方企业直接或者间接参与缔约国另一方企业的管理、控制或资本，或者

二、同一人直接或者间接参与缔约国一方企业和缔约国另一方企业的管理、控制或资本。

在上述任何一种情况下，两个企业之间的商业或财务关系不同于独立企业之间的关系，因此，本应由其中一个企业取得，但由于这些情况而没有取得的利润，可以计入该企业的利润，并据以征税。

第十条　股息

一、缔约国一方居民公司支付给缔约国另一方居民的股息，可以在该缔约国另一方征税。

二、然而，这些股息也可以按照支付股息的公司是其居民的缔约国的法律，在该缔约国征税。但是，如果收款人是该股息受益人，则所征税款不应超过该股息总额的百分之十。

本款规定，不应影响对该公司支付股息前的利润所征收的公司利润税。

三、本条“股息”一语是指从股份或者非债权关系分享利润的权利取得的所得，以及按照分配利润的公司是其居民的缔约国税法，视同股份所得同样征税的其他公司权利取得的所得。

四、如股息受益人是缔约国一方居民，在支付股息的公司是其居民的缔约国另一方，通过设在该缔约国另一方的常设机构进行营业或者通过设在该缔约国另一方的固定基地从事独立个人劳务，据以支付该股息的股份或其他公司权利与该常设机构或固定基地有实际联系的，不适用第一款和第二款的规定。在这种情况下，应视具体情况适用第七条或第十四条的规定。

五、缔约国一方居民公司从缔约国另一方取得利润或所得，该缔约国

另一方不得对该公司支付的股息征收任何税收。但支付给该缔约国另一方居民的股息或者据以支付股息的股份或其他公司权利与设在该缔约国另一方的常设机构或固定基地有实际联系的除外。对于该公司的未分配的利润，即使支付的股息或未分配的利润全部或部分是发生于该缔约国另一方的利润或所得，该缔约国另一方也不得征税。

第十一条　利息

一、发生于缔约国一方而支付给缔约国另一方居民的利息，可以在该缔约国另一方征税。

二、然而，这些利息也可以在该利息发生的缔约国，按照该缔约国的法律征税。但是，如果收款人是该利息受益人，则所征税款不应超过利息总额的10%。

三、虽有第二款的规定，发生在缔约国一方而为缔约国另一方政府、地方当局及其中央银行或者完全为其政府所有的金融机构取得的利息；或者为该缔约国另一方居民取得的利息，其债权是由该缔约国另一方政府、地方当局及其中央银行或者完全为其政府所有的金融机构间接提供资金的，应在该缔约国一方免税。

四、本条“利息”一语是指从各种债权取得的所得，不论其有无抵押担保或者是否有权分享债务人的利润；特别是从公债、债券或者信用债券取得的所得，包括其溢价和奖金。

五、如果利息受益人是缔约国一方居民，在该利息发生的缔约国另一方，通过设在该缔约国另一方的常设机构进行营业或者通过设在该缔约国另一方的固定基地从事独立个人劳务，据以支付该利息的债权与该常设机构或者固定基地有实际联系的，不适用第一款、第二款和第三款的规定。在这种情况下，应视具体情况适用第七条或第十四条的规定。

六、如果支付利息的人为缔约国一方政府、地方当局或该缔约国居民，应认为该利息发生在该缔约国。然而，当支付利息的人不论是否为缔约国一方居民，在缔约国一方设有常设机构或者固定基地，支付该利息的债务与该常设机构或者固定基地有联系，并由其负担这种利息，上述利息应认为发生于该常设机构或固定基地所在缔约国。

七、由于支付利息的人与受益人之间或者他们与其他人之间的特殊关系，就有关债权支付的利息数额超出支付人与受益人没有上述关系所能同意的数额时，本条规定应仅适用于后来提及的数额。在这种情况下，对该支付款项的超出部分，仍应按各缔约国的法律征税，但应对本协定其他规定予以适当注意。

第十二条　特许权使用费

一、发生于缔约国一方而支付给缔约国另一方居民的特许权使用费，可以在该缔约国另一方征税。

二、然而，这些特许权使用费也可以在其发生的缔约国，按照该缔约国的法律征税。但是，如果收款人是该特许权使用费受益人，则所征税款不应超过特许权使用费总额的 10% 。

三、本条“特许权使用费”一语是指使用或有权使用文学、艺术或科学著作，包括电影影片，无线电或电视广播使用的胶片、磁带的版权，专利、商标、设计、模型、图纸、秘密配方或秘密程序所支付的作为报酬的各种款项，也包括使用或有权使用工业、商业、科学设备或有关工业、商业、科学经验的情报所支付的作为报酬的各种款项。

四、如果特许权使用费受益人是缔约国一方居民，在该特许权使用费发生的缔约国另一方，通过设在该缔约国另一方的常设机构进行营业或者通过设在该缔约国另一方的固定基地从事独立个人劳务，据以支付该特许权使用费的权利或财产与该常设机构或固定基地有实际联系的，不适用第一款和第二款的规定。在这种情况下，应视具体情况适用第七条或第十四条的规定。

五、如果支付特许权使用费的人是缔约国一方政府、地方当局或该缔约国居民，应认为该特许权使用费发生在该缔约国。然而，当支付特许权使用费的人不论是否为缔约国一方居民，在缔约国一方设有常设机构或者固定基地，支付该特许权使用费的义务与该常设机构或者固定基地有联系，并由其负担这种特许权使用费，上述特许权使用费应认为发生于该常设机构或者固定基地所在缔约国。

六、由于支付特许权使用费的人与受益人之间或他们与其他人之间的特殊关系，就有关使用、权利或情报支付的特许权使用费数额超出支付人与受益人没有上述关系所能同意的数额时，本条规定应仅适用于后来提及的数额。在这种情况下，对该支付款项的超出部分，仍应按各缔约国的法律征税，但应对本协定其他规定予以适当注意。

第十三条　财产收益

一、缔约国一方居民出让第六条所述位于缔约国另一方的不动产取得的收益，可以在该缔约国另一方征税。

二、出让缔约国一方企业在缔约国另一方的常设机构营业财产部分的不动产以外的财产，或者缔约国一方居民在缔约国另一方从事独立个人劳务的固定基地的不动产以外的财产取得的收益，包括出让该常设机构（单独或者随同整个企业）或者该固定基地取得的收益，可以在该缔约国另一方征税。

三、缔约国一方居民出让从事国际运输的船舶或飞机，或者出让属于经营上述船舶、飞机的不动产以外的财产取得的收益，应仅在该缔约国一方征税。

四、缔约国一方居民出让第一款至第三款所述财产以外的其他财产取得的收益，发生于缔约国另一方的，可以在该缔约国另一方征税。

第十四条　独立个人劳务

一、缔约国一方居民由于专业性劳务或者其他独立性活动取得的所得，应仅在该缔约国征税，除非该居民在缔约国另一方为从事上述活动的目的设有经常使用的固定基地，或者在该缔约国另一方有关历年中连续或累计停留超过183天。如果该居民拥有上述固定基地或在该缔约国另一方连续或累计停留上述日期，其所得可以在该缔约国另一方征税，但仅限归属于该固定基地的所得，或者在该缔约国另一方上述连续或累计期间取得的所得。

二、“专业性劳务”一语特别包括独立的科学、文学、艺术、教育或教学活动，以及医师、律师、工程师、建筑师、牙医师和会计师的独立活动。

第十五条　非独立个人劳务

一、除适用第十六条、第十八条、第十九条、第二十条和第二十一条的规定以外，缔约国一方居民因受雇取得的薪金、工资和其他类似报酬，除在缔约国另一方受雇的以外，应仅在该缔约国一方征税。在缔约国另一方受雇取得的报酬，可以在该缔约国另一方征税。

二、虽有第一款的规定，缔约国一方居民在缔约国另一方受雇取得的报酬，同时具有以下三个条件的，应仅在该缔约国一方征税：

（一）收款人在有关历年中在该缔约国另一方停留连续或累计不超过183天；

（二）该项报酬由并非该缔约国另一方居民的雇主支付或代表该雇主支付；

（三）该项报酬不是由雇主设在该缔约国另一方的常设机构或固定基地所负担。

三、虽有第一款和第二款的规定，受雇于缔约国一方企业经营国际运输的船舶或飞机而取得的报酬，可以在该缔约国征税。

第十六条　董事费

缔约国一方居民作为缔约国另一方居民公司的董事会成员取得的董事费和其他类似款项，可以在该缔约国另一方征税。

第十七条　艺术家和运动员

一、虽有第十四条和第十五条的规定，缔约国一方居民的个人，作为表演家，如戏剧、电影、广播或电视艺术家、音乐家或者作为运动员，在缔约国另一方从事其个人活动取得的所得，可以在该缔约国另一方征税。

然而，如果该缔约国一方居民的个人按照缔约国双方政府同意的文化交流的特别计划从事这些活动，该项所得在该缔约国另一方应予免税。

二、虽有第七条、第十四条和第十五条的规定，表演家或运动员在缔约国一方，从事其个人活动取得的所得，并非归属表演家或者运动员本人，而是归属于缔约国另一方居民的其他人，可以在该缔约国一方征税。

然而，如果这些活动是按缔约国双方政府同意的文化交流的特别计划从事的，该项所得在该缔约国一方应予免税。

第十八条　退休金

除适用第十九条第二款的规定以外，因以前的雇佣关系支付给缔约国一方居民的退休金和其他类似报酬，应仅在该缔约国一方征税。

第十九条 政府服务

一、（一）缔约国一方政府或地方当局对履行政府职责向其提供服务的个人支付退休金以外的报酬，应仅在该缔约国一方征税。

（二）但是，如果该项服务是在缔约国另一方提供，而且提供服务的个人是该缔约国另一方居民，并且该居民：

1. 是该缔约国国民；或者

2. 不是仅仅由于提供该项服务，而成为该缔约国的居民，该项报酬，应仅在该缔约国另一方征税。

二、（一）缔约国一方政府或地方当局支付的或者从其建立的基金中对向其提供服务的个人支付的退休金，应仅在该缔约国一方征税。

（二）但是，如果提供服务的个人是缔约国另一方居民，并且是其国民的，该项退休金应仅在该缔约国另一方征税。

三、第十五条、第十六条、第十七条和第十八条的规定，应适用于向缔约国一方政府或地方当局举办的事业提供服务取得的报酬和退休金。

第二十条 教师和研究人员

任何个人是、或者在直接前往缔约国一方之前曾是缔约国另一方居民，主要由于在该缔约国一方的大学、学院、学校或其他公认的教育机构从事教学、讲学或研究的目的暂时停留在该缔约国一方，从其第一次到达之日起停留时间不超过三年的，该缔约国一方应对其由于教学、讲学或研究取得的报酬，免予征税。

第二十一条 学生和实习人员

学生、企业学徒或实习生是、或者在直接前往缔约国一方之前曾是缔约国另一方居民，仅由于接受教育、培训或者获取特别的技术经验的目的，停留在该缔约国一方，其为了维持生活、接受教育或培训的目的收到的款项或所得，该缔约国一方应免予征税。

第二十二条　其他所得

一、缔约国一方居民在缔约国另一方取得的各项所得，凡本协定上述各条未作规定的，可以在该缔约国另一方征税。

二、但是，缔约国一方居民取得的各项所得，凡本协定上述各条未作规定的，除第一款所述的以外，应仅在该缔约国征税。

三、第六条第二款所规定的不动产所得以外的其他所得，如果所得收款人为缔约国一方居民，通过设在缔约国另一方的常设机构在该缔约国另一方进行营业，或者通过设在该缔约国另一方的固定基地在该缔约国另一方从事独立个人劳务，据以支付所得的权利或财产与该常设机构或固定基地有实际联系的，不适用第一款和第二款的规定。在这种情况下，应视具体情况分别适用第七条或第十四条的规定。

第二十三条　消除双重征税

一、在中华人民共和国，消除双重征税如下：

（一）中华人民共和国居民从日本国取得的所得，按照本协定规定对该项所得缴纳的日本国税收数额，应允许在对该居民征收的中国税收中抵免。但是，抵免额不应超过对该项所得按照中华人民共和国税法和规章计算的相应中国税收数额。

（二）从日本国取得的所得是日本国居民公司支付给中华人民共和国居民公司的股息，同时该中华人民共和国居民公司拥有支付股息公司股份不少于10%的，该项抵免应考虑支付该股息公司就该项所得缴纳的日本国税收。

二、从属于在日本国以外的国家缴纳的税收在日本国税收中抵免的日本国有关法律：

（一）日本国居民从中华人民共和国取得的所得，按照本协定规定，该项所得可以在中华人民共和国征税。关于该项所得缴纳的中国税收数额，应允许在对该居民征收的日本国税收中抵免。但是，抵免额不应超过对该项所得征收的相应日本国税收部分。

（二）如果从中华人民共和国取得的所得是中华人民共和国居民公司支付给日本国居民公司的股息，同时该日本国居民公司拥有支付股息公司选举权股份或者该公司发行的总股票不少于25%的，该项抵免应考虑支付该股息公司就该项所得缴纳的中国税收。

三、在第二款第一项所述的抵免中，下列中国税收应视为已经支付：

（一）在第十条第二款规定适用的股息的情况下，中华人民共和国的合资经营企业支付股息，按10%的税率，其他股息，按20%的税率；

（二）在第十一条第二款规定适用的利息的情况下，按10%的税率；

（三）在第十二条第二款规定适用的特许权使用费的情况下，按20%的税率。

四、在第二款所述的抵免中，"缴纳的中国税收"一语应视为包括假如没有按以下规定给予免税、减税或者退税而可能缴纳的中国税收数额：

（一）《中华人民共和国中外合资经营企业所得税法》第五条、第六条和《中华人民共和国中外合资经营企业所得税法施行细则》第三条的规定；

（二）《中华人民共和国外国企业所得税法》第四条和第五条的规定；

（三）本协定签订之日后，中华人民共和国为促进经济发展，在中华人民共和国法律中采取的任何类似的特别鼓励措施，经缔约国双方政府同意的。

第二十四条 无差别待遇

一、缔约国一方国民在缔约国另一方负担的税收或者有关条件，不应与该缔约国另一方国民在相同情况下，负担或可能负担的税收或者有关条件不同或比其更重。虽有第一条的规定，本款规定也适用于不是缔约国一方或者双方居民的人。

二、缔约国一方企业在缔约国另一方的常设机构税收负担，不应高于缔约国另一方对其本国进行同样活动的企业。

三、除适用第九条、第十一条第七款或第十二条第六款规定外，缔约国一方企业支付给缔约国另一方居民的利息、特许权使用费和其他款项，在确定该企业应纳税利润时，应与在同样情况下支付给该缔约国一方居民同样予以扣除。

四、缔约国一方企业的资本全部或部分，直接或间接为缔约国另一方一个或更多居民拥有或控制，该企业在该缔约国一方负担的税收或者有关条件，不应与该缔约国一方其他同类企业的负担或可能负担的税收或者有关条件不同或比其更重。

五、本条不应理解为缔约国一方根据法律在税收上仅给予该缔约国居民的任何扣除、优惠和减税，也必须给缔约国另一方居民。

第二十五条 协商程序

一、当一个人认为，缔约国一方或者双方的措施，导致或将导致对其不符合本协定规定的征税时，可以不考虑各缔约国国内法律的补救办法，将案情提交本人为其居民的缔约国主管当局；或者如果其案情属于第二十四条第一款，可以提交本人为其国民的缔约国主管当局。该项案情必须在不符合本协定规定的征税措施第一次通知之日起，三年内提出。

二、上述主管当局如果认为所提意见合理，又不能单方面圆满解决时，应设法同缔约国另一方主管当局相互协商解决，以避免不符合本协定规定的征税。达成的协议应予执行，而不受各缔约国国内法律的时间限制。

三、缔约国双方主管当局应通过协议设法解决在解释或实施本协定时发生的困难或疑义，也可以对本协定未作规定的消除双重征税问题进行协商。

四、缔约国双方主管当局为达成第二款和第三款的协议，可以相互直接联系。为有助于达成协议，双方主管当局可以进行会谈，口头交换意见。

第二十六条 情报交换

一、缔约国双方主管当局应交换为实施本协定的规定所需要的情报，缔约国双方与本协定有关税种的国内法律（以根据这些法律征税与本协定不相抵触为限）的情报和防止偷漏税的情报。情报交换不受第一条的限制。所交换的情报应作密件处理，仅应告知与本协定所含税种有关的查定、征收或裁决上诉的有关人员或主管当局（包括法院）。

二、第一款的规定在任何情况下，不应被理解为缔约国一方有以下义务：

（一）采取与该缔约国或缔约国另一方法律和行政惯例相违背的行政措施；

（二）提供按照该缔约国或缔约国另一方法律或正常行政渠道不能得到的情报；

（三）提供泄露任何贸易、经营、工业、商业、专业秘密、贸易过程的情报或者泄露会违反公共秩序的情报。

第二十七条　对减税、免税和其他扣除的说明

本协定不应解释为以任何方式限制缔约国一方根据该缔约国法律或缔约国双方政府间的协定，已经给予或今后可能给予缔约国另一方国民或居民的免税、减税或其他扣除。

第二十八条　外交代表和领事官员

本协定应不影响按国际法一般规则或特别协定规定的外交代表或领事官员的财政特权。

第二十九条　生效

一、本协定在缔约国双方交换外交照会确认已履行为本协定生效所必需的各自的法律程序之日起的第30天开始生效。

二、本协定应有效：

（一）在中华人民共和国：

1. 对在本协定生效后的次年1月1日或以后开始的纳税年度中取得的所得。

2. 对在本协定生效后的次年1月1日或以后开始的纳税年度中征收的第八条第二款所述类似日本国事业税的税收。

（二）在日本国：

对在本协定生效后的次年1月1日或以后开始的纳税年度中取得的所得。

第三十条　终止

本协定应长期有效。但缔约国任何一方可以在本协定生效之日起五年

后任何历年6月30日或以前，通过外交途径书面通知对方终止本协定。

在这种情况下，本协定应失效：

（一）在中华人民共和国：

1. 对终止通知发出后的次年1月1日或以后开始的纳税年度中取得的所得。

2. 对终止通知发出后的次年1月1日或以后开始的纳税年度中征收的第八条第二款所述的类似日本国事业税的税收。

（二）在日本国：

对终止通知发出后的次年1月1日或以后开始的纳税年度中取得的所得。

下列代表，经各自政府正式授权，已在本协定上签字为证。

本协定于1983年9月6日在北京签订，一式两份，每份都用中文、日文和英文写成，三种文本具有同等效力。如在解释上遇有分歧，应以英文本为准。

中华人民共和国政府 代　表	日本国政府 代　表
吴学谦	安倍晋太郎